# Vorhang auf
# für Hund und Maus

© Verlag Herder GmbH, Freiburg im Breisgau 2016
Alle Rechte vorbehalten
www.herder.de

Umschlaggestaltung: SchwarzwaldMädel, Simonswald
Umschlag- und Textillustrationen: Katja Jäger
Lektorat: Pia Haferkorn, Freiburg

Layout, Satz und Gestaltung: Sabine Ufer, Leipzig
Herstellung: Graspo CZ, Zlín
Printed in the Czech Republic

ISBN 978-3-451-34282-0

# Inhalt

**Vorhang auf!** . . . . . . . . . . . . . . . . . . . . . . . . . . . . . . . . . . . . . . . . . . . . . . **7**

Puppentheater für Kinder . . . . . . . . . . . . . . . . . . . . . . . . . . . . . . . . . . . . 8
Tipps zum Theaterspielen . . . . . . . . . . . . . . . . . . . . . . . . . . . . . . . . . . . 10
Tipps für Bühne und Figuren . . . . . . . . . . . . . . . . . . . . . . . . . . . . . . . . 14

**22 Stücke für zwei Hände** . . . . . . . . . . . . . . . . . . . . . . . . . . . . . . . . . **17**

Mehrere Rollen alleine spielen . . . . . . . . . . . . . . . . . . . . . . . . . . . . . . . 17

**... von vielen Gefühlen** . . . . . . . . . . . . . . . . . . . . . . . . . . . . . . . . . . . . **20**

Glücklich zu zweit . . . . . . . . . . . . . . . . . . . . . . . . . . . . . . . . . . . . . . . . . 22
Traurig zu zweit . . . . . . . . . . . . . . . . . . . . . . . . . . . . . . . . . . . . . . . . . . 24
Der Wutball . . . . . . . . . . . . . . . . . . . . . . . . . . . . . . . . . . . . . . . . . . . . . 26

**... vom Verlieren und Wiederfinden** . . . . . . . . . . . . . . . . . . . . . . . . . **28**

Die Suche . . . . . . . . . . . . . . . . . . . . . . . . . . . . . . . . . . . . . . . . . . . . . . . 30
Der Glücksbringer . . . . . . . . . . . . . . . . . . . . . . . . . . . . . . . . . . . . . . . . 32
Verwurmt . . . . . . . . . . . . . . . . . . . . . . . . . . . . . . . . . . . . . . . . . . . . . . . 34

**... vom Streiten und vom Miteinander** . . . . . . . . . . . . . . . . . . . . . . . **36**

Mit Ecken und Kanten . . . . . . . . . . . . . . . . . . . . . . . . . . . . . . . . . . . . . 38
Von Kratzbürsten und Pampelmusen . . . . . . . . . . . . . . . . . . . . . . . . 40
Meins! . . . . . . . . . . . . . . . . . . . . . . . . . . . . . . . . . . . . . . . . . . . . . . . . . . 42

**... vom Ich und vom Du** . . . . . . . . . . . . . . . . . . . . . . . . . . . . . . . . . . . **44**

Wettrennen . . . . . . . . . . . . . . . . . . . . . . . . . . . . . . . . . . . . . . . . . . . . . . 46
Nachmacher! . . . . . . . . . . . . . . . . . . . . . . . . . . . . . . . . . . . . . . . . . . . . 48
Das Gespenst, das nicht gespenstern will . . . . . . . . . . . . . . . . . . . . 50

### ... fürs ganze Jahr ...................................... 52

Frühling .................................................... 54
Sommer ..................................................... 56
Herbst ...................................................... 58
Winter ...................................................... 60

### ... für große Feste ...................................... 62

Geburtstag .................................................. 64
Ostern ...................................................... 66
Weihnachten ................................................. 68

### ... wie im Märchen ...................................... 70

Hexenknochen ............................................... 72
Vom Frosch, der kein König wurde ........................... 74
Die Spinne .................................................. 76

### Schnell gemacht und losgespielt! ........................ 78

Stabpuppen-Bastelvorlagen .................................. 78


Register .................................................... 80

# Vorhang auf!

Kinder mögen Puppentheater. Wenn auf der Bühne etwas passiert, schauen sie gebannt hin, hören zu und sind gefesselt. Puppentheater sollte ein fester Bestandteil im Kita-Alltag sein, aber nicht immer fällt es leicht, zu improvisieren oder spontan eine Spielgeschichte zu erfinden. Dieses Buch liefert 22 fertige kleine Theaterstücke, auf die Sie als Erzieherin oder Erzieher jederzeit und ohne große Vorbereitung zurückgreifen können.

Diese Stücke kann eine einzelne Person alleine spielen; zwei Hände reichen, da nie mehr als zwei Figuren zugleich in Aktion sind. Sie kommen ohne ein großes Puppentheater und mit wenigen Requisiten aus. Gespielt werden kann mit klassischen Hand-, Finger- oder Stabpuppen, oft werden sogar Alltagsgegenstände zu Figuren. Auch ausgeschnittene Pappfigürchen, die an Stöcke geklebt werden (Kopier- und Bastelvorlagen hierzu finden Sie ebenfalls in diesem Buch), oder Plüsch- bzw. Plastikfiguren erfüllen prima ihren Zweck. Mit einfachen Mitteln viel erreichen – das ist das Motto. Kein Stück dauert länger als fünf bis zehn Minuten.

Aufgegriffen werden ganz unterschiedliche Themen aus der Welt der Kinder. Nahezu für jeden Anlass findet sich eine passende Handpuppengeschichte. Die Stücke können Themen, die gerade in der Kita behandelt werden oder in der Familie in der Luft liegen, untermauern. Sie können aber auch situationsbedingt oder jahreszeitlich eingesetzt werden, ohne mit dem pädagogischen Zeigefinger daherzukommen.
Es sind poetische Stücke – mal witzig, mal melancholisch –, die die Fantasie der Kinder beflügeln und sie zum Nachdenken anregen. Ganz bewusst sind es keine klassischen Kasperlestücke, sondern frische Szenen fernab von „Tritratrullalla".

Puppenspiele sind ein Stück Kulturpädagogik. Sie bieten vielfältige Lernerfahrungen und sind gleichzeitig eine besonders intensive und unterhaltsame Art der Sprachförderung. Und ganz wichtig: Sie machen Spaß!

In diesem Sinne – Vorhang auf!
Andrea Behnke

# Puppentheater für Kinder

Theaterpuppen ziehen Kinder magisch an. Kaum erscheint eine Figur auf der Bühne, wird es ruhig im Raum, die Bühne wirkt wie ein Magnet. Egal, ob Sie ein richtiges Puppentheater haben oder auf dem Tisch spielen: Sobald ein Raum zur Bühne wird, ist er ein besonderer Ort, an dem etwas Außergewöhnliches geschieht. Der Aufmerksamkeit der Kinder können Sie in jedem Fall gewiss sein.

Anders als das Fernsehen ist das Theater ein unmittelbares Erlebnis. Die Kinder sitzen nicht vor einer Mattscheibe, sondern sie gehören zur Inszenierung dazu, sie sind Teil des Ganzen. Sie – als Spieler oder Spielerin – bekommen die Reaktionen und Gefühle der Kinder mit und können sofort darauf reagieren. Die Kinder werden ins Spiel hineingezogen und identifizieren sich mit den Puppen auf der Bühne. Sie fiebern mit den Figuren mit.

Oft ist es verblüffend: Selbst Kinder, die sich sonst schlecht konzentrieren können, werden, wenn sie einem Theaterstück folgen, still und aufmerksam. Theater speist andere Kanäle als Filme ansehen oder vorlesen, alle Sinne sind auf Empfang.

## Gespielte Geschichten schaffen neuen Zugang

Die Handpuppen-Theaterstückchen in diesem Buch sind unterteilt in verschiedene Oberthemen, zum Beispiel „Gefühle" oder „Miteinander" oder aber „Jahreszeiten und Feste". Unter der Rubrik „Wie im Märchen" können Sie Neues von Hexe, Prinzessin & Co. entdecken.

Die Stücke eignen sich gut, um einen neuen Zugang zu einem bestimmten Thema zu finden. Dadurch, dass sie nicht so lang sind, lassen sie sich problemlos zwischendurch und ohne großen Aufwand spielen.

Einige Figuren begegnen Ihnen mehrmals in diesem Buch: zum Beispiel Hund und Maus oder die beiden Sockenmonster Billy und Harry. So können Sie sofort eine kleine Theater-Reihe starten, in der die kleinen Zuschauerinnen und Zuschauer immer wieder „alte Bekannte" treffen können.

Für den einen oder die andere ist es manchmal nicht ganz einfach, alleine Theater zu spielen. Doch jede Angst ist unbegründet: Kinder sind ein dankbares Publikum und verzeihen kleine Patzer. Viele Kinder im Vorschulalter waren noch nie im Theater. Umso mehr freuen sie sich, wenn in der Kita oder daheim die Puppen tanzen. Wichtig ist, dass Sie gerne spielen – mit Herz, wie man so schön sagt.

Im Folgenden finden Sie zum einen einige Tipps zum Theaterspielen, wie etwa zum Umgang mit Lampenfieber und zum Einsatz der Stimme. Zum anderen erhalten Sie ein paar Anregungen, welche Figuren sich fürs Puppenspiel eignen und wie Sie mit einfachen Mitteln selbst Spielfiguren herstellen können. Lassen Sie sich inspirieren!

# Tipps zum Theaterspielen

Egal, ob Sie sich das erste Mal am Puppentheater versuchen oder schon ein Profi sind – über allem steht, dass Sie sich beim Spielen wohlfühlen. Daher gilt: Gestalten Sie sich Ihr „Spielfeld" so, dass es für Sie richtig ist. Ihre Spielpuppen und die anderen Utensilien sollten bereitliegen. Entscheiden Sie, ob Sie lieber im Sitzen oder im Stehen spielen, ob Sie lieber hinter einem Puppentheater verschwinden oder offen – also so, dass man Sie sieht – spielen möchten. Unabhängig davon, wie hoch der Zeitdruck manchmal sein mag: Gönnen Sie es sich, Ihren Raum zu gestalten und sich aufs Spielen vorzubereiten.

## Lampenfieber und Entspannen

Wenn man noch nicht oft Theater gespielt hat, kann sich Lampenfieber breit machen – selbst wenn man die Kinder kennt und sich eigentlich sicher fühlt. Das ist etwas ganz Normales. Oft rührt Lampenfieber daher, dass man Sorge vor einer schlechten Bewertung hat. Dazu zwei Dinge: Zum einen sind Sie als Erzieher oder Erzieherin Teil der Gruppe, zum anderen sind die Kinder Ihnen wohlgesonnen und freuen sich auf das Theaterspiel. Nicht nur Sie, sondern auch die Kinder stehen im Rampenlicht: Sie alle gemeinsam werden jetzt etwas Schönes erleben.

## Atemübungen zur Entspannung

Das bewusste Atmen kann gut zur Entspannung vor Ihrem kleinen Auftritt beitragen.

### Übung 1

Zählen Sie Ihre Atemzüge. Konzentrieren Sie sich darauf, wie Sie ein- und ausatmen. Dabei atmen Sie lange durch die Nase ein – eins – und lange durch den Mund wieder aus – zwei. Lassen Sie die Atmung einfach kommen. Das machen Sie, bis Sie bei der Zehn angekommen sind. Verstärkend können Sie die Hand auf Ihren Bauch legen. So spüren Sie die Atmung besser und können leichter bis in den Bauchraum hineinatmen.

### Übung 2

Atmen Sie mit geschlossenen Augen. Beim Einatmen ziehen Sie die Schultern hoch, halten einen Moment inne und lassen die Schultern dann beim Ausatmen wieder herunterfallen. Das machen Sie noch ein paar Mal. Sie werden merken, wie Sie ruhiger werden.

## Lockerung für den Körper

Wenn man nervös ist, neigt man dazu, den gesamten Körper anzuspannen. Hier gilt es, ganz bewusst locker zu werden.

### Übung 1

Sie kennen es vielleicht noch vom Sportunterricht: das Schulterkreisen. Kreisen Sie die Schultern ein paar Mal vor und ein paar Mal zurück. Dann rollen Sie den Kopf hin und her – aber immer nur bis zur Schulter. Anschließend recken und dehnen Sie sich. Wenn Sie gähnen müssen, umso besser. Gähnen befreit.

### Übung 2

Vielleicht haben Sie schon einmal etwas von der Muskelentspannung nach Jacobson gehört? Bei dieser Technik spannt man nacheinander bestimmte Muskeln an und entspannt sie dann bewusst. Das können Sie auch verkürzt machen: Sie ballen Fäuste, spannen die Oberarme sowie den Po kräftig an – und lassen dann los.

## Die Stimme

Puppentheater braucht Stimme. Und wenn Sie alleine spielen, müssen Sie Ihre Stimme vielfältig einsetzen: Denn in jedem der Theaterstücke in diesem Buch gibt es zwei oder mehr Figuren, die sich durchs Sprechen unterscheiden. Das heißt: Sie werden Ihre Stimme verstellen. Das muss nicht übertrieben sein (denn das strengt nicht nur Sie, sondern auch Ihr Publikum an), aber eine Maus spricht nun einmal anders als ein Bär. Wenn Sie die Stücke lesen, horchen Sie einmal in sich hinein: Wie klingen die Figuren? Welche Sprechweise passt zu ihnen? Zur Vorbereitung lesen Sie das Stück am besten erst einmal laut und probieren verschiedene Stimmen aus.

Verschiedene Stimmübungen sorgen dafür, dass die Stimme nicht schlapp macht und gut angewärmt wird:

### Übung 1

Schneiden Sie Grimassen! Und zwar so richtig wilde. Kiefer vor und zurück, Stirn runzeln, schief gucken, Lippen schürzen, Zunge raus: Alles ist erlaubt und lockert die Gesichtsmuskeln und den Sprechapparat. Kneten Sie anschließend ihr Gesicht ganz behutsam durch und streicheln Sie es zum Abschluss wieder glatt.

### Übung 2

Lassen Sie Ihre Lippen flattern und machen Sie einen Hubschrauber nach. Erst ohne, später mit Ton. Variieren Sie, seien Sie mal laut, dann wieder leise, und probieren Sie verschiedene Töne aus. Lassen Sie den Hubschrauber hoch- und runterfliegen, so lange es für Sie angenehm ist.

### Übung 3

Beißen Sie kräftig in die Vokale – buchstäblich. Nacheinander kauen Sie das A, das E, das I, das O und das U. Danach Vokalverbindungen wie AU, EU oder EI. Das klingt dann ungefähr so: Mnjaaaa, mnjaaaa, mnjeeee und so weiter. Übertreiben Sie die Kaubewegungen.

### Übung 4

Putzen Sie Ihre Zähne, und zwar mit der Zunge. Umfahren Sie ganz langsam und bedächtig jeden einzelnen Zahn, von vorne und von hinten. Das macht die Zunge beweglich.

## Die Figurenführung

Wenn man in ein professionelles Puppentheater geht, sieht alles immer so leicht aus: Die Hand- oder Stockpuppen, die Marionetten oder Klappmaulfiguren bewegen sich wie echte Tiere und Menschen. Doch dahinter steckt viel, viel Arbeit. Profis trainieren oft jahrelang, bis ein solches Ergebnis auf die Bühne kommt.

Für Anfängerinnen und Anfänger lautet die Devise: Weniger ist mehr. Wer nur selten mit Theaterfiguren spielt, neigt dazu, sie dauernd mit dem Kopf nicken zu lassen oder sie wie wild hin und her zu bewegen. Doch das wirkt unecht und ist für die Zuschauerinnen und Zuschauer ermüdend.

Reduzierte Bewegungen hingegen sind authentischer. Wir Menschen nicken beim Sprechen auch nicht unentwegt mit dem Kopf und zappeln nicht ständig herum.

# Tipps für Bühne und Figuren

Wenn Sie mit diesem Buch arbeiten, haben Sie das Stück, das Sie spielen, immer im Blick. Denn jedes Stück steht auf einer Doppelseite, Sie müssen also nicht umblättern. Komfortabel ist es, wenn Sie einen Noten- oder Buchständer besitzen, auf den Sie das Buch aufgeklappt stellen können. Auch ein Lesekissen, in das man das Buch hineinklemmen kann, erfüllt seinen Zweck. So haben Sie immer beide Hände frei zum Spielen.

## Die Bühne

Viele Kitas haben ein kleines Puppentheater aus Holz. Gerade für kleine Stücke, die wenig Raum benötigen, ist solch ein Theater gut geeignet. Zudem gibt es einfache Theatervorrichtungen, die Sie in einen Türrahmen einspannen können.
Wenn Sie kein fertiges Puppentheater haben, können Sie flink eines bauen. Sie brauchen nur einen großen Pappkarton. Diesen kippen Sie so, dass er auf der schmalen Seite steht. Oben müssen Sie nur noch das Fenster hineinschneiden – fertig.

Oft ist jedoch gar keine professionelle Bühne nötig. Wenn Sie vor einer kleinen Kindergruppe spielen, reicht häufig schon der Tisch. Entweder setzen Sie sich auf einen Stuhl, mitten in die Runde. Oder Sie knien auf einem Kissen vor einem eigenen kleinen Tisch, den Sie als Bühne nutzen.
Die Stücke in diesem Buch erfordern keine Kulisse. In einigen Fällen sind wenige Requisiten nötig, die einfach hingestellt werden können.

## Die Figuren

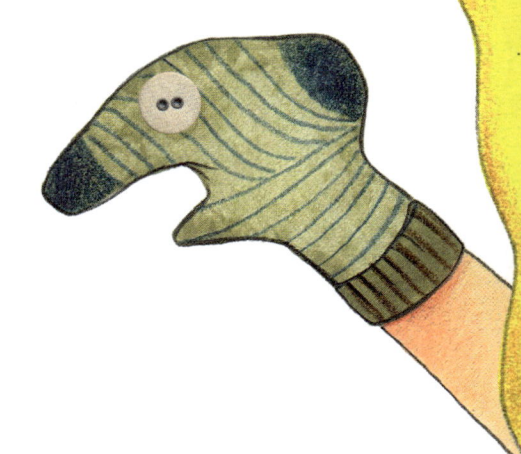

Eine kleine Anmerkung vorweg: In diesem Buch werden zu jedem Stück die Figuren benannt, die mitspielen. Das sind jedoch nur Ideen. Natürlich können Sie die Figuren gegen andere, die ebenfalls zum Text passen, tauschen. So können die beiden Sockenmonster beispielsweise durch Pompon-Püppchen oder Ähnliches ersetzt werden, ebenso können Bärenpapa und Bärenkind zwei Hunde, Katzen oder Tiger sein.

Puppentheater nennt man heute oft Objekttheater, und das hat einen guten Grund: Es ist nicht mehr nur, wie früher, die (Kasper-)Puppe, die auftritt. Vielmehr kann alles zu einer Theaterfigur werden. Jedem Alltagsgegenstand können Sie durch Ihr Spiel Leben einhauchen. In diesem Buch finden Sie zum Beispiel Stücke, in denen Bauklötze oder Sonnenbrillen die Hauptrolle spielen.

Fürs Puppenspiel eignen sich natürlich Hand- und Fingerpuppen aller Art. Es gibt unzählige fertige Spielpuppen zu kaufen – sie können aber ebenfalls schnell genäht, gestrickt oder gehäkelt werden. Außerdem gibt es Holzrohlinge zu kaufen, aus denen Sie ganz einfach mit etwas Stoff und Wolle schöne Fingerpüppchen gestalten können.

Aber auch mit Plüsch- oder Plastikfiguren können Sie gut auf dem Tisch Theater spielen. Ganz normale Puppen können ebenfalls im Handumdrehen zu Theaterpuppen werden. Je weniger ausgearbeitet ihre Gesichter sind, desto besser. Denn das regt die Fantasie der Kinder an.

## Spielfiguren selbst machen

Eine sehr einfache Art, Theaterpuppen herzustellen, ist diese: Sie malen die Figur auf eine weiße Pappe auf und schneiden sie aus. Hinten kleben Sie einen Stiel oder klipsen eine Wäscheklammer an, schon ist die Spielpuppe fertig, die Sie gut am Rand eines Tisches spielen können. Auf diese Art können Sie sich jede Figur basteln, die Sie benötigen. Einige Beispiele finden Sie als Kopier- und Bastelvorlagen auf den Seiten 94/95. Ebenfalls schnell und wirksam: Puppen aus großen und kleinen Kochlöffeln. Eine Krone aus Pappe, ein Umhang aus Tüll – und schon haben wir eine Prinzessin. Zwei kleine spitze Ohren, da kommt die Maus um die Ecke.

Bei Fantasiefiguren gibt es nahezu unzählige Möglichkeiten: Figuren aus runden und eckigen Kartons, aus Pompons, aus Socken, aus Pfeifenreinigern ... Wühlen Sie einfach in alten Stoff- und Wollresten und im Altpapier, da findet sich so einiges an Bastelmaterial für Theaterpuppen.

Aus Stoffresten können Sie ganz leicht eine Schwebepuppe basteln: In die Mitte eines Stoffquadrats kommt etwas Füllwatte, danach schlagen Sie den Stoff so um, dass ein Dreieck entsteht. Unterhalb der Füllwatte binden Sie den Stoff ab, das ist der Kopf. Rechts und Links, jeweils an den Spitzen des Dreiecks, knoten Sie dann die Hände ab. An Hände und Kopf kommt jeweils ein Faden, der am anderen Ende an einen Stock gebunden wird.
Theaterpuppen müssen nicht voll ausgearbeitet sein – im Gegenteil. Wenn Sie sagen: „Darf ich euch meinen Hund vorstellen?", dann sehen die Kinder einen Hund, selbst wenn Sie nur einen gebogenen braunen Pfeifenreiniger zeigen.

Lassen Sie Ihren Einfällen freien Lauf. Experimentieren Sie mit verschiedenen Spielfiguren. Liegt Ihnen eher das Spiel mit Hand- und Fingerpuppen oder führen Sie lieber mit einem Stab oder mit Fäden, wie bei einer Marionette? Oder mögen Sie das einfache Spiel mit Stofftieren? Spielen Sie so oft wie möglich. So kommen Sie Ihrer eigenen Art des Theaterspiels schnell auf die Spur.

# 22 Stücke für zwei Hände

Die Stücke in diesem Buch kann eine einzelne Person alleine spielen, denn im Alltag haben Erzieherinnen nur selten die Möglichkeit, zu zweit Puppentheater für die Kinder zu machen. Die Theaterstückchen sind eher für das Spiel zwischendurch gedacht, vor einer kleineren Kindergruppe.

Wenn Sie sich die Szenen durchlesen, werden Sie sich vielleicht wundern, dass es Stücke gibt, in denen drei Figuren auftauchen. Doch es sind immer nur zwei von ihnen gleichzeitig auf dem Finger bzw. in oder auf der Hand in Aktion. Dennoch kann es vorkommen, dass drei Figuren gemeinsam auf der Bühne sind, zum Beispiel weil sie zu dritt einen Dialog führen. Um das zu bewerkstelligen, gibt es ein paar Tricks.

## Mehrere Rollen alleine spielen

### Mit Fingerpuppen

Bei Fingerpuppen ist es natürlich ohne Weiteres möglich, mit drei Puppen auf drei Fingern zu spielen. Probieren Sie es einfach aus! Doch wenn Sie das überfordert, dann sollten Sie eine der Puppen absetzen. Fingerpuppen aus Holz, Filz oder Papier können Sie einfach hinstellen. Solche, die gestrickt oder aus Stoff genäht sind, knicken jedoch ein. Um sie zu stabilisieren, können Sie die Hülle eines alten Lippenpflegestifts nehmen. Diese bekleben Sie neutral, beispielsweise mit einem naturfarbenen Paketband.

Während des Spiels können Sie den Puppenhalter unauffällig am Rand der Bühne lassen und bei Bedarf eine Fingerpuppe dort draufsetzen. So bleibt die Puppe sichtbar, Sie können sie weiterhin sprechen lassen und haben den Finger frei für die weitere Figur. Alternativ können Sie sich auch einen kleinen Halter basteln: Dazu nehmen Sie einen flachen Bauklotz aus Holz und schlagen einen langen Nagel ein.

## Mit Hand- oder Stabpuppen

Wenn Sie alleine mit drei Handpuppen spielen, dann können Sie eine Handpuppe an den Bühnenrand setzen, sofern die Puppe sitzenbleibt. Bei Handpuppen mit Beinen geht das oft einfach, bei solchen, die nur eine Art Kleid anhaben, ist es schwieriger. Hier brauchen Sie – ähnlich wie bei den Fingerpuppen – einen Ständer. Bewährt hat sich eine kleine Flasche, auf die Sie die Handpuppe stecken können. So steht sie weiter auf der Bühne und bleibt auch ohne Hand im Spiel.

Wenn Sie mit Stabpuppen spielen, dann können Sie, je nach Länge des Stabs, ebenfalls auf eine kleine Flasche oder eine Vase zurückgreifen, in die Sie den Stab stecken. Diese können Sie auf die Bühne stellen, doch dann ist die Stabpuppe höher als die anderen Puppen, die Sie am Bühnenrand spielen. Wenn Sie das stört, können Sie zum Beispiel einen hohen Hocker hinter die Bühne stellen und das Gefäß darauf stellen. Auch so wäre die Puppe weiter sichtbar und kann bei Bedarf mitspielen.

## Kein Stress

Bei der Wahl der Spielpuppen sollten Sie darauf achten, dass Sie sich wohlfühlen. Wenn Sie merken, dass Ihnen ein Puppenwechsel Stress macht, dann greifen Sie einfach auf Stofftiere oder Plastikpuppen zurück, die alleine stehen- oder sitzenbleiben. Machen Sie es sich so einfach wie möglich.

Oft denkt man, dass Puppenspiel wie ein Film aussehen muss. Doch das Gegenteil ist der Fall! Selbst Profi-Puppenspielerinnen und -spieler spielen heutzutage häufig offen. Das heißt: Das Publikum bekommt mit, wie Puppen gewechselt werden, die Spielerinnen und Spieler sind die gesamte Zeit über sichtbar. Kinder finden den Augenblick, wenn eine Puppe von der Hand oder vom Finger genommen wird, spannend. Denn sie fragen sich sofort: Was kommt jetzt? Diesen Moment können Sie für sich nutzen und in Ihrem Tempo, ohne Stress, eine Puppe positionieren und die nächste auftreten lassen.

... von vielen Gefühlen

## Glücklich zu zweit

Maus ist anders als sonst. Aber was ist mit ihr los? Hund kann es zunächst nicht erraten. Bis er merkt: Maus hat das Glück gefangen!

## Traurig zu zweit

Maus ist traurig, und Hund versucht, sie wieder aufzuheitern. Es gelingt ihm nicht. Doch die beiden merken, dass es manchmal schon reicht, wenn der andere einfach nur da ist.

## Der Wutball

Lina steckt etwas im Hals: Es ist die Wut, die ihr den Hals zuschnürt. Bis sie endlich rauskommt. Jo hat Linas Wut ein bisschen abbekommen, aber glücklicherweise kennt er so eine Wut auch.

# Glücklich zu zweit

**Figuren:** Hund und Maus (Handpuppen oder Kuscheltiere)

Hund: Irgendwie siehst du heute so anders aus.
Maus: Wie denn?
Hund: Bist du gewachsen?
Maus: Nein, bin ich nicht.
Hund: Ist deine Nase stupsiger geworden?
Maus: Nein, ist sie nicht.
Hund: Aber dein Fell, das glänzt mehr als sonst.
Maus: Auf keinen Fall, ich habe mich heute früh noch nicht einmal gebürstet.

*Hund mustert Maus noch einmal gründlich von allen Seiten.*

Hund: Jetzt sag's mir doch. Hast du Nagellack auf den Krallen?

*Maus lacht.*

Hund: Hast du Lippenstift auf deinen Lippen?

*Maus lacht erneut. Sie fängt an zu tanzen. Hund schnüffelt.*

Hund: Oder hast du dich mit Wiesenparfüm eingesprüht? Du riechst so
     ... blumenfrisch ...
Maus: Nichts von alldem. Komm, tanz' mit mir.
Hund: Ich und tanzen?
Maus: Biiiiiittttttteee ...
Hund: Okeee.

*Hund tanzt den Hunde-Boogie-Woogie, worauf Maus wieder lachen muss. Maus summt ein Lied.*

Hund: Jetzt musst du mir aber verraten, was mit dir los ist.

Maus: Kannst du es nicht erraten?

Hund: Ich sehe etwas. Eine tanzende Maus, die anders aussieht.

Maus: Und sonst noch?

Hund: Ich rieche etwas. Eine Maus, die besser riecht als sonst.

Maus: Und weiter?

Hund: Ich höre auch etwas. Eine Maus, die eine andere Stimme hat.
Und die sogar singt.

Maus: Noch mehr?

Hund: Sonst nichts. Glaube ich.

Maus: Fühlst du nichts?

*Hund hört auf zu tanzen.*

Hund: Vielleicht fühle ich auch was. Aber was …

Maus: Mensch, Hund.

Hund: Ich fühle, dass wir zusammen sind. Ich fühle, dass ich dich mag.
Und ich fühle, dass es heute besonders ist.

Maus: Weil ich das Glück gefangen habe.

Hund: Gefangen?

Maus: Als ich hier vorhin alleine saß, kam das Glück vorbei und ich habe es gefangen.

*Maus zeigt eine Hand.*

Maus: Erst war es soooo klein.

Hund: Wie schön.

Maus: Und als du dann gekommen
bist, ist es gewachsen.
Immer mehr und mehr.
Und jetzt ist es riesengroß,
das Glück.

Hund: So groß, dass ich etwas
abgekommen habe, von
dem Glück.

*Maus und Hund kuscheln sich
aneinander.*

# Traurig zu zweit

**Figuren:** Hund und Maus (Handpuppen oder Kuscheltiere)

*Maus guckt in die Luft und sagt nichts. Hund kommt auf die Bühne.*

Hund:  Ist da oben was?

*Maus schüttelt den Kopf.*

Hund:  Warum guckst du dann hoch?
Maus:  Weiß nicht.

*Hund guckt nach oben.*

Hund:  Da ist nichts.

*Maus senkt den Kopf.*

Maus:  Da unten ist auch nichts. Nirgendwo ist irgendwas.
Hund:  Komisch bist du heute.

*Maus guckt zur Seite. Hund stupst Maus an.*

Hund:  Sollen wir Fangen spielen?

*Maus schaut ihn an. Hund schnappt zu.*

Hund:  Hab dich.
Maus:  Ist mir egal.
Hund:  Sonst bist du immer sauer, wenn ich dich krieg'.
Maus:  Heute nicht.
Hund:  Und warum nicht?
Maus:  Heute ist mir alles egal.

Hund:  Soll ich dir was vorsingen? *(singt nach der Melodie von „Alle Vögel sind schon da")* Alle Mäuse sind schon da, alle Mäuse, alle ...

*Maus hält sich die Ohren zu.*

Hund:  Dann tanze ich eben. Den Hunde-Boogie-Woogie.

*Hund fängt an, wild zu tanzen. Maus hält sich die Augen zu. Hund tanzt einen Moment weiter, dann hält er inne. Hund setzt sich neben Maus. Er seufzt laut.*

Hund:  Sag' du mir, was ich tun soll.
Maus:  Nichts.
Hund:  Nichts?
Maus:  Gar nichts.
Hund:  Ich will, dass du spielst und lachst und so.
Maus:  Kann nicht. Kann nicht spielen und lachen und so.
Hund:  Nein?
Maus:  Nein.

*Die beiden sitzen eine Weile schweigend nebeneinander.*

Hund:  Jetzt bin ich traurig.
Maus:  Ich auch.
Hund:  Du auch?
Maus:  Den ganzen Tag bin ich schon traurig.
Hund:  Was kann ich machen, dass du wieder fröhlich bist?
Maus:  Du machst doch schon was.

*Maus kuschelt sich eng an Hund. Beide gucken ins Publikum.*

# Der Wutball

**Figuren:** ein roter Ball, zwei weitere Figuren (Jo und Lina)

Jo:      Du siehst irgendwie komisch aus. So rot im Gesicht. Hast du dich verschluckt?

*Lina schüttelt den Kopf.*

Jo:      *(versucht sie zu streicheln)* Was ist denn los mit dir?
Lina:    Ich will sie runterschlucken. Aber es geht nicht.
Jo:      Runterschlucken? Was willst du runterschlucken? Du hast dich also doch verschluckt. Mein Reden!
Lina:    *(laut)* Ich haaaabe mich niiiiicht verschluckt!
Jo:      Warum schreist du mich denn so an?
Lina:    Jetzt ist sie endlich raus.
Jo:      Wer?
Lina:    Die Wut.

*Jo guckt erstaunt und macht „Häh??" Die Spielerin nimmt den roten Ball und hält ihn ins Publikum.*

Lina:    Da ist die Wut. Sie ist rot.
Jo:      Rot. Genau. Wie bei mir. Wut ist immer rot.
Lina:    Sie ist rund. Man kann sie schlecht zu fassen kriegen.
Jo:      Meine hat manchmal ganz spitze Spitzen. So spitze Spitzen, dass es weh tut.
Lina:    Und groß ist meine, schau wie groß sie ist.
Jo:      Jau, so groß ist die. Erst ist sie klein, die Wut, und dann wird sie richtig riesig.
Lina:    Und die war in mir drin.

*Die Spielerin dribbelt den Ball, so dass er auf und ab hüpft.*

Lina:    Wenn die in mir drin ist, dann springt die so.
Jo:      Doing, doing, doing.

Lina:   Dann springt die bis
        zum Hals, dass ich
        keinen Ton mehr
        rauskriege.

*Die Spielerin wirft den Ball*
*in die Luft und fängt ihn wieder.*

Lina:   Und dann, dann hüpft
        sie raus.

*Die Spielerin legt den Ball*
*wieder hin.*

Lina:   Und sie liegt vor dir. Und du guckst sie an. Und weißt nicht, was du machen
        sollst.
Jo:     Manchmal, da ist sie dir unangenehm. Du würdest sie am liebsten wieder
        verstecken. Wieder aufessen.
Lina:   Aber das geht nicht. Wenn die Wut raus ist, ist sie raus.

Jo:     (*nach einer Pause*) Warum warst du eigentlich wütend?

*Lina denkt nach.*

Lina:   Ich weiß es nicht mehr.
Jo:     Ein kleines bisschen habe ich dich noch wütender gemacht, oder?
        Mit meiner Fragerei ...
Lina:   Ja, ein mini-bisschen. Aber weißt du, in dem Moment hätte mich alles
        wütender gemacht.
Jo:     Und jetzt?
Lina:   Jetzt bin ich nicht mehr wütend. Bist du wütend auf mich, weil ich so
        wütend war?
Jo:     Nö. Bevor meine Wut größer werden konnte, haben wir sie einfach
        weggesprochen.

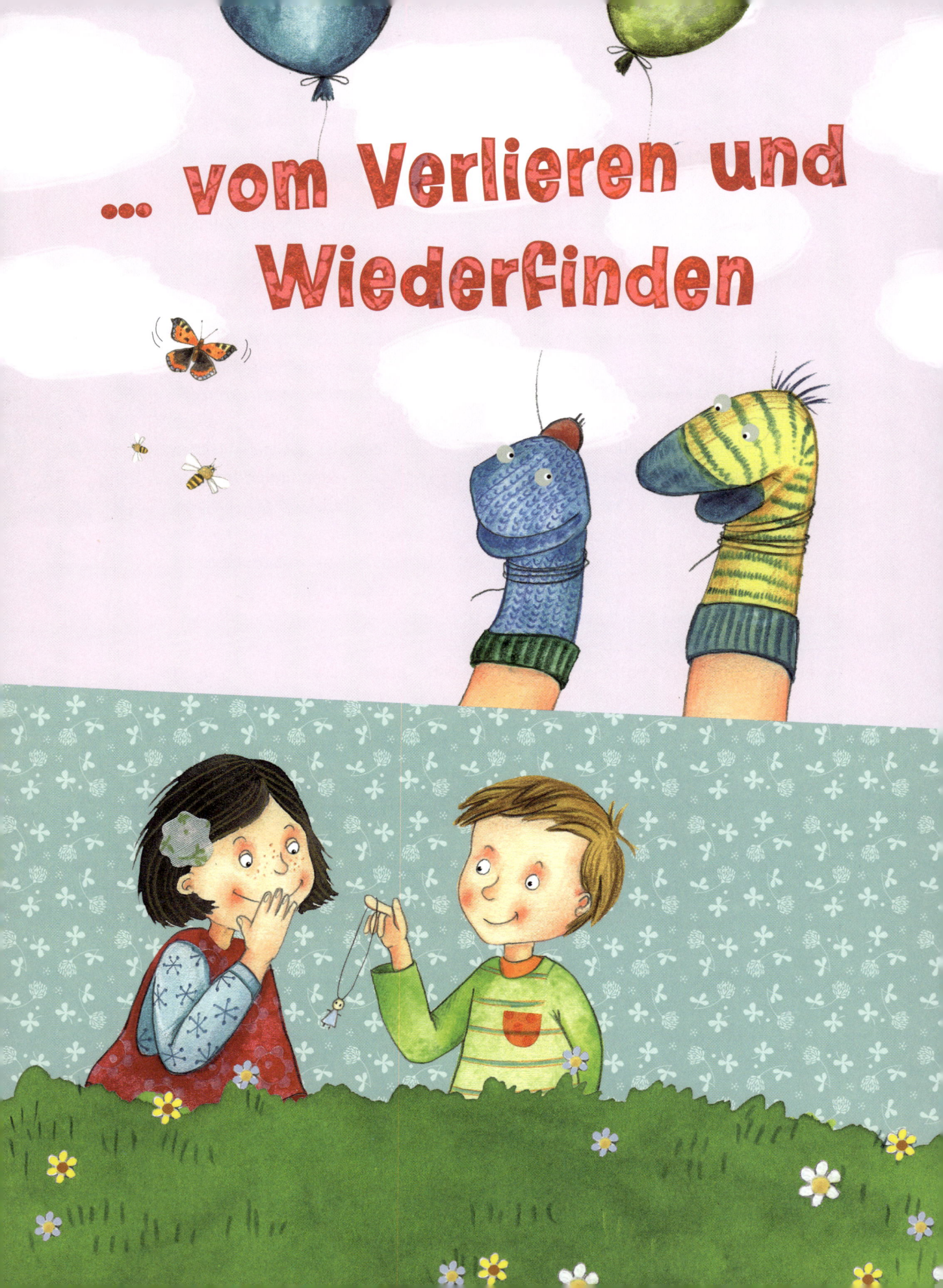

# ... vom Verlieren und Wiederfinden

# Die Suche

Das Sockenmonster Harry sucht etwas – was genau, weiß Harry nicht. Billy will ihm helfen, doch das ist gar nicht so einfach. Zu guter Letzt findet Harry, was er vermisst hat: ein wunderbares Gefühl.

# Der Glücksbringer

Ein Mädchen hat ihren Glücksbringer verloren. Ein Junge findet das gar nicht so schlimm. Die beiden philosophieren übers Verlieren und Finden – und finden am Ende sich selbst und die Freundschaft.

# Verwurmt

Der Regenwurm-Opa ist weg. Wuwu ist alarmiert, denn Opa ging es schon in den Tagen zuvor nicht gut. Wuwu und Rere überlegen, was mit Opa sein könnte – bis sie Opa finden, der Angst davor hat einzuschlafen.

# Die Suche

**Figuren:** zwei Sockenmonster, ein aufgeblasener Luftballon mit Wollfaden

*Auf der Bühne sind zwei Sockenmonster: Harry und Billy. Harry sucht etwas. Er kriecht über den Boden und guckt nervös hier und dort.*

Billy:  Was machst du da?

Harry:  Ich suche etwas.

Billy:  Und was?

Harry:  Weiß ich noch nicht. Oder nicht mehr. Was weiß denn ich.

Billy:  Du suchst etwas und weißt nicht was?

Harry:  Ja, ich weiß, dass ich etwas verloren habe. Aber ich kann mich nicht erinnern, was es war.

Billy:  Dann wird es nicht so schlimm sein.

Harry:  Doch, es ist schlimm. Es ist sogar noch schlimmer.

*Billy guckt Harry fragend an.*

Harry:  Wenn ich wüsste, was ich suche, wüsste ich, warum es mir so schlecht geht. So weiß ich nur, dass ich etwas ganz schrecklich vermisse.

Billy:  Dann lass uns doch mal überlegen. Ist es deine Mütze?

Harry:  *(überlegt)* Nein, die ist in der Schublade.

Billy:  Eine Socke?

Harry:  Haha.

Billy:    Vielleicht dein Kuschelhase?
Harry:   Nein, der liegt im Bett.

Billy:    Dann weiß ich es nicht.
Harry:   Ich auch nicht.

*Harry hält inne.*

Harry:   Es ist einfach komisch, wenn etwas nicht da ist.
Billy:    Das ist es. Egal, was es ist. Wenn etwas nicht da ist, ist man ganz leer.
Harry:   So leer wie ein Luftballon von innen.
Billy:    Aber nicht so leicht. Sondern ganz schwer. Wie ein großer Stein.
Harry:   Genau, wie ein großer Stein.

*Die Spielerin zeigt den Luftballon. Billy nimmt die Ballonschnur ins Maul.*
*Harry betrachtet den Ballon von allen Seiten.*

Billy:    *(nuschelt, mit dem Ballon im Maul)* Glaubst du, wir können wegfliegen?
Harry:   Ich weiß nicht ...
Billy:    Los – lass es uns versuchen!

*Die Spielerin knotet die beiden Sockenpuppen mit dem Faden an den Ballon und zieht*
*sie durch die Luft.*

Billy:    Wir schweben.
Harry:   Wir fliegen.
Billy:    Wie Vögel!
Harry:   So leicht!

*Die beiden landen.*

Harry:   Ich glaube, jetzt muss ich nicht mehr suchen.
Billy:    Da bin ich erleichtert.
Harry:   Gerade habe ich gefunden, was ich vermisst habe. Es war kein Kleidungsstück
         und kein Spielzeug. Es war dieses Gefühl. Dieses schöne Gefühl.

# Der Glücksbringer

**Figuren:** Mädchen und Junge, ein kleines Püppchen am Faden

Mä:   Hast du schon mal etwas verloren?

Ju:   Ja, klar.

Mä:   Was denn?

Ju:   Ich verliere ständig etwas. Mama sagt, ich bin ein Schussel. Legosteine, Socken, Bleistifte, alles verschwindet. Mama sagt, irgendwann verliere ich noch meinen Kopf. Das hoffe ich aber nicht. Mama erzählt manchmal so einen Quatsch.

Mä:   Ich passe eigentlich gut auf meine Sachen auf. Aber vorhin habe ich meinen Glücksbringer verloren. Das macht mich ganz traurig. Das war so ein gaaaanz winziges Püppchen an einem Anhänger.

Ju:   Dann kannst du dir doch einen neuen Glücksbringer kaufen. Ich habe gleich mehrere, falls ich einen verliere.

Mä:   Das Püppchen hat mir meine Oma selbst gemacht, das kann man nicht kaufen. Und überhaupt kann man einen Glücksbringer nicht ersetzen. Es gibt nur einen einzigen für jeden. Meine Oma hat immer noch den Glücksbringer aus ihrer Schulzeit. Das ist ein gehäkelter Fisch, den sie immer in der Tasche hat.

*Das Mädchen überlegt.*

Mä:   Ich glaube, mit dem Glücksbringer habe ich das Glück verloren.

Ju:   So ein Quatsch. Man kann das Glück nicht verlieren. Manchmal hat man Glück und manchmal nicht.

Mä:   Ohne meinen Glücksbringer geht es mir einfach nicht gut. Schon den ganzen Tag geht es mir nicht gut. Alle sind doof zu mir.

Ju:   Und ich, bin ich auch doof zu dir?

Mä:   Nee, bist du nicht.

Ju:   Siehst du. Da hast du doch schon wieder was gewonnen. Auch ohne Glücksbringer.

Mä:   Das stimmt. Vielleicht bist du mein neuer Glücksbringer.

Ju:   Ich bin doch kein Püppchen. Und schon gar kein kleines.

Mä:   Nö.

*Das Mädchen mustert den Jungen.*

Mä:   Aber ein bisschen Ähnlichkeit hast du schon mit dem Minipüppchen, das ich
       verloren habe. Ich glaube, das war ein Junge wie du.

Ju:   Na, dann kann ja nichts mehr schiefgehen. Weißt du, dass ich mich manchmal
       sogar freue, wenn ich etwas verliere?

Mä:   Häh?

Ju:   Wenn ich einen Wackelzahn verliere, finde ich das super. Oder ein Stück Apfel,
       wenn ich keinen Hunger auf Obst habe. Oder einen Kratzepulli, den ich nicht
       anziehen will.

Mä:   Oder eine viel zu dicke Mütze.

Ju:   Oder einen staubigen Müsliriegel.

Mä:   Oder einen Gedanken. Manche Gedanken verliere ich gerne.

Junge: Oh ja, Gedanken ans Aufräumen.

Mä:   Und Gedanken an Spinat.

Ju:   Oder Gedanken ans Ins-Bett-Müssen.

Mä:   Und Gedanken an Regenwetter.

*Der Junge stutzt und guckt auf den Boden. Er bückt sich.*

Ju:   Was ist das denn?

*Er hebt eine Kette mit einem
Püppchen auf.*

Mä:   Mein Glücksbringer. Danke.

*Das Mädchen umarmt
den Jungen.*

Ju:   Hab ich doch gesagt, dass
       ich dein Glücksbringer bin.

*Das Mädchen hängt dem
Jungen die Kette um.*

Mä:   Schenke ich dir. Ich habe ja jetzt dich.

# Verwurmt

**Figuren:** drei Regenwürmer (Perlenketten am Faden), genannt Wuwu, Rere und Opa

Wuwu:  Opa ist weg.

Rere:  Bestimmt schlängelt er sich gerade durchs Erdreich.

Wuwu:  Bei dem Regen? Da würde Opa draußen sein. Er mag den Regen. Jeder Regenwurm mag den Regen.

Rere:  Vielleicht hat er sich verwurmt.

Wuwu:  Opa verwurmt sich nicht. Er ist der beste Wurmer aller Zeiten.

Rere:  Vielleicht besucht er jemanden? Eine nette Wurmdame?

Wuwu:  In seinem Alter? Und das hätte er mir doch erzählt. Er weiß, dass ich mir Sorgen mache.

Rere:  Dann habe ich keine Ahnung, wo dein Opa sein könnte.

Wuwu:  Es ging ihm nicht gut in den letzten Tagen. Er konnte sich kaum noch schlängeln.

Rere:  Aha.

Wuwu:  Er hat es nicht schnell genug geschafft, vor der Sonne zu fliehen. Als ich ihn fand, war er schon ein wenig trocken.

Rere:  Oh je.

Wuwu:  Und dann hatte er noch nicht einmal mehr Hunger auf ein bisschen Erde und ein Blättchen.

Rere:  Herrjemine.

Wuwu:  Und dann war er weg.

Rere:  Das heißt nichts Gutes.

*Wuwu weint.*

Rere:  Wir suchen Opa.

Wuwu:  Du hilfst mir?

Rere:  Ich helfe dir.

*Die beiden suchen den Opa. Immer wieder rufen sie nach ihm – bis sie ihn finden: Er liegt einfach nur da.*

Wuwu:   Opa, da bist du ja, Opa, mein
        liebster Opa.

Rere:   Wir haben Sie überall
        gesucht, Herr Opa.

Opa:    Ach, Wuwu, mein lieber Wuwu.

Wuwu:   Opachen, was machst du nur
        für Sachen.

Opa:    Ich mache gar keine Sachen
        mehr, mein lieber Wuwu.

Wuwu:   Jetzt wird alles wieder gut.

Rere:   Genau, Herr Opa. Jetzt wird
        alles wieder gut.

Opa:    Ich bin alt. Ihr seid jung.

Wuwu:   Na und?

Opa:    Ihr seid schnell. Ich bin langsam.

Rere:   Na und?

Opa:    Ihr seid gesund. Ich bin krank.

Wuwu:   Dann gehen wir schnell zum Regenwurm-Arzt.

Opa:    Ihr habt euer ganzes Leben noch vor euch. Ich habe schon viel erlebt.

Rere:   Das ist doch wunderbar.

Opa:    Wunderbar?

Rere:   Herr Opa, dann können Sie uns doch viel erzählen.

Wuwu:   Ja, Opa, erzähl' uns was.

Opa:    Muss mich ausruhen. Ihr seid so wach. Und ich bin so müde.

Wuwu:   Opachen, ruh dich aus, so lange du möchtest. Hauptsache, du bist wieder da.

Opa:    Ich trau mich nicht einzuschlafen.

Wuwu:   Ich bin doch da.

Opa:    Bist du wirklich da?


*Opa schläft ein und schnarcht laut.*


Rere:   Sollen wir zur nassen Wiese gehen und spielen?

Wuwu:   Nein, ich bleibe hier. Ich bleibe bei Opa.

Rere:   *(nach einer Pause)* Dann bleibe ich auch hier. Bei euch.

# ... vom Streiten und vom Miteinander

# Mit Ecken und Kanten

Der Kreis findet sich wunderschön, das Dreieck hat zunächst Komplexe – so lange, bis es mit dem Quadrat ein Haus formt. Das macht den Kreis erst traurig, aber dann darf er die Sonnenblume sein, die vor dem Haus steht.

# Von Kratzbürsten und Pampelmusen

Fratz ist sauer auf Suse, weil die „immer so doof" ist. Doch nach und nach kommt heraus, was Fratz alles gemacht hat. Meistens gehören zu einem Streit eben doch zwei Personen.

# Meins!

Die Sonne scheint, und die Sonnenbrille sitzt auf der Nase. Knut würde gerne ein Mittagsschläfchen machen: im Brillenetui. Das will die Brille wiederum nicht, denn schließlich ist es ihr Etui. Wie gut, dass die beiden eine Lösung finden.

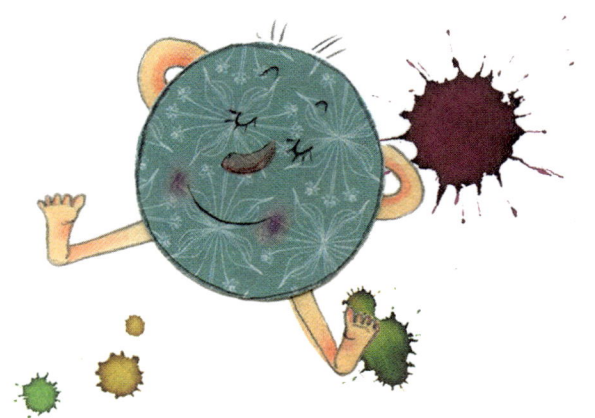

# Mit Ecken und Kanten

**Figuren:** ein Kreis, ein Dreieck und ein Quadrat (z. B. Bauklötze und eine Holzkugel oder Formen aus Papier an einem Stiel)

K:      Ich bin so schön. Schaut mich an.

Q:      Wieso?

K:      Ich bin rund.

Q:      Na und?

K:      Habe keine Ecken, keine Kanten.

*Quadrat hält inne und zögert.*

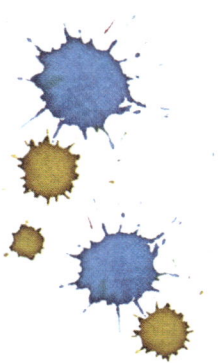

K:      Niemand kann sich an mir stoßen.

Q:      Ich habe Ecken.

K:      Genau.

Q:      Habe Kanten.

K:      Mein Reden.

Q:      *(traurig)* Habe Ecken und Kanten.

*Quadrat seufzt tief.*

D:      Ich habe sogar Spitzen.

K:      Wie furchtbar.

D:      Drei Spitzen habe ich.

K:      Noch schlimmer.

D:      Die Spitzen sind so elegant.

K:      Rund ist eleganter.

D:      Die Spitzen sind so wohlgeformt.

K:      Rund ist wohlgeformter.

*Dreieck denkt nach.*

D:      Ich, ich ... ich sehe aus wie ein Segel.

K:      Und ich wie, wie, wie ein Teller!

D:      Ich sehe aus wie eine Flagge.

K:      Und ich wie ein Ball.

D:      Ich sehe aus wie ein Dach.

*Quadrat kommt wieder hinzu.*

Q:      Ich sehe aus wie ein Haus. Wie das Haus unten. Mit vier Ecken.

D:      Und ich sehe auch aus wie ein Haus. Wie das Haus oben.

*Dreieck stellt sich auf Quadrat.*

Q:      Zusammen sind wir wunderbar.

D:      Ein wunderbares Haus.

Q:      So hübsch.

D:      So nützlich.

Q:      Quadratisch und dreieckig.

D:      Kein Kreis dieser Welt kann
        ein Haus sein.

Q:      Niemals. Kein Kreis auf der
        ganzen großen Welt.

*Kreis kommt zurück.*

K:      Ich bin rund. Die Welt ist rund.

Q+D:    Wir sind ein Haus.

K:      *(denkt nach)* Braucht ihr vielleicht noch eine Welt?

Q+D:    Eine Welt? Nein. Wir haben schon eine.

K:      Oh.

Q+D:    Aber vielleicht eine Sonnenblume. Vor dem Haus.

K:      Die schönste Sonnenblume vor dem schönsten Haus.

*Kreis legt sich vor das Haus.*

# Von Kratzbürsten und Pampelmusen

**Figuren:** zwei Jungenfiguren (Fratz und Lutz), eine Mädchenfigur (Suse)

Fratz:   Die Suse ist doof.

Lutz:   Wieso ist die doof?

Fratz:   Weil die einfach doof ist. Die macht mir immer alles kaputt.

Lutz:   Was denn alles?

Fratz:   Na, alles eben. Mein ferngesteuertes Auto hat sie mir kaputtgemacht.

Lutz:   Das ist nur *ein* Auto und nicht alles.

Fratz:   Okeeee, dann macht die mir eben eine Sache kaputt. Das aber immer.

Lutz:   Und deshalb magst du die nicht mehr?

Fratz:   Nee, deshalb mag ich die nicht mehr. Und dann lacht die mich immer aus.

Lutz:   Wann hat sie dich denn ausgelacht?

Fratz:   Als ich vom Paradieseis einen ganz blauen Mund hatte.

Lutz:   Du hattest einen ganz blauen Mund? *(fängt an zu lachen)*

Fratz:   ... und blaue Zähne ...

Lutz:   Die Zähne waren auch blau?

Fratz:   ... und die Haare.

*Lutz bekommt einen Lachanfall.*

Lutz:   Dann warst du ein Blaumännchen.

Fratz:   Lach du nur. Wie die Suse.

Lutz:   Ach Fratz, das war jetzt wirklich lustig.

*Fratz dreht sich mit dem Rücken zu Lutz. Nach einer kleinen Pause dreht er sich wieder um.*

Fratz:   Aber die Suse, die kratzt mich. Immer kratzt die mich.

Lutz:   Echt? Die ist eine Kratzbürste?

Fratz:   Mmh, ist sie. Ganz kratzig.

Lutz:   Hat sie dich einfach so gekratzt?

Fratz:   Hat sie. Ich habe
         sie bloß Fluse
         genannt.
Lutz:    Bloß Fluse?

*Fratz druckst herum.*

Fratz:   Ja, und Pampelmuse.
Lutz:    Aha, Pampelmuse ...
Fratz:   Und alte Bluse.
Lutz:    Alte Bluse?
Fratz:   Und als sie anfing
         zu weinen, habe ich
         Heulsuse gerufen.
Lutz:    Aber Fratz ...

*Da kommt Suse.*

Suse:    Na, du Spatz.
Fratz:   Na, du Suse.
Suse:    Na, du Katz.
Fratz:   Na, du Suse.
Suse:    Sollen wir spielen?
Fratz:   Ohne Kratz-kratz?
Suse:    Ohne das. Und ab jetzt ohne Reim.
Fratz:   Willkommen in Fratz' und Suses kratzfreier und reimfreier Spielewelt.
Suse:    Willkommen in Fratz' und Suses kratzfreier, reimfreier und motzfreier
         Spielewelt.
Fratz:   Wie schön es hier doch ist.

# Meins!

**Figuren:** eine Sonnenbrille und eine Fingerpuppe (Knut); außerdem ein aufklappbares Brillenetui und kleine Stoffquadrate.

*Die Spielerin hat die Brille auf der Nase, das Brillenetui liegt aufgeklappt auf der Bühne. Knut schiebt die Stoffquadrate zum Brillenetui, die Spielerin legt sie ins Etui. Dann legt sich Knut ins Etui. Die Spielerin schiebt die Brille hoch.*

Brille:   Heh, Sie, was machen Sie denn da?

Knut:   Sehen Sie doch! Ich lege mich hin.

Brille:   Und warum?

Knut:   Warum wohl? Weil ich müde bin?

Brille:   Das geht aber nicht.

Knut:   Natürlich geht das. Ich habe den ganzen Tag Holz gehackt. Und jetzt brauche ich einen kleinen Mittagsschlaf.

*Knut gähnt laut und dreht sich zur Seite.*

Brille:   Wer sind Sie überhaupt?

*Knut steht kurz wieder auf und verbeugt sich.*

Knut:   Gestatten. Ich bin Knut. Knut, der den ganzen Tag Holz hacken muss und jetzt müde ist. *(legt sich wieder hin)*

Brille:   Ich wiederhole mich nur ungern. Aber es geht wirklich nicht, dass Sie sich hier hinlegen. Denn ... das ist mein Etui.

Knut:   Ui, da haben Sie aber wirklich ein feines Etui.

Brille:   Genau, das haben Sie richtig erkannt. ICH habe ein feines Etui. Es ist MEIN Etui.

Knut:   *(gähnt)* Aber Sie brauchen es doch gerade nicht. Sie sitzen doch auf der Nase.

*Die Spielerin setzt die Brille ab und legt sie neben das Etui.*

Brille:  Tue ich nicht. Und selbst wenn ich es täte!

Knut:  Sie verzeihen? Ich bin wirklich sehr schläfrig, und die Sonne blendet mich.

*Knut macht die Klappe des Brillenetuis zu. Die Brille klopft ans Etui.*

Brille:  Es ist und bleibt mein Etui. Egal, wo ich bin. Und ich darf bestimmen, wer darin schlafen darf.

*Aus dem Etui ertönt ein lautes Schnarchen. Die Brille setzt sich wieder auf die Nase.*

Brille:  Hier ist es doch am schönsten, wenn die Sonne scheint. Und trotzdem ist das mein Etui ... kann sich doch nicht jeder einfach in mein Etui legen.

*Die Spielerin macht das Etui wieder auf, holt Knut heraus.*

Knut:  Das tat gut. Jetzt bin ich wieder wach und kann weiter Holz hacken.

Brille:  Mmmh.

Knut:  Ich habe geträumt, dass ich jetzt jeden Tag ein Mittagsschläfchen in Ihrem feinen Etui machen kann.

Brille:  Mmmh.

Knut:  Nur wenn die Sonne scheint.

Brille:  Mmmh.

Knut:  Und dafür bekommen Sie von mir Holz, dann können Sie sich ein Feuer machen. An Regentagen. Sieht aus wie Sonne, so ein Feuer.

Brille:  Feuer? Klingt gut.

Knut:  Und wenn Sie ins Etui wollen, dann bleibe ich draußen.

Brille:  Sie haben ein sonniges Gemüt!

... vom Ich und vom Du

# Wettrennen

Ein Rennauto und ein kleines, altes Auto machen ein Wettrennen. Das kleine Auto bewundert das Rennauto, weil es so schnell ist. Natürlich siegt das Rennauto. Doch auch das kleine Auto hat gewonnen: Denn es hat während des Rennens Blumen gesehen und ihren Duft gerochen.

# Nachmacher!

Die Sockenmonster Billy und Harry zanken sich: Denn Harry trägt neuerdings auch Schleife, so wie Harry, und ist daher ein Nachmacher. Am Ende haben beide ihre Schleifen wieder abgenommen und merken, dass jeder von ihnen einzigartig ist.

# Das Gespenst, das nicht gespenstern will

Ein kleines Gespenst hat Angst in der Nacht. Es mag nicht gespenstern. Das große Gespenst glaubt erst an einen Scherz – denn jedes Gespenst mag die Dunkelheit. Am Ende ist das kleine Gespenst das mutige, da es seine Angst zugegeben hat.

# Wettrennen

**Figuren:** zwei Autos (ein kleines altes Auto, ein großes modernes Rennauto)

*Das Rennauto flitzt mit Getöse hin und her. Dann kommt das kleine Auto angetuckert, ganz leise und langsam.*

Rennauto:  Ich bin laut. Hör mal, wie laut ich bin.

*Das Rennauto gibt demonstrativ noch einmal Gas.*

Rennauto:  Und ich bin schnell. Schau mal, wie schnell ich bin.

*Das Rennauto fährt erneut schnell hin und her.*

Rennauto:  Ich bin so schnell, dass man mich gar nicht richtig erkennen kann. Kaum bin ich da, bin ich schon wieder weg. *(kleine Pause)* Obwohl man mich eigentlich nicht übersehen kann – groß wie ich bin.
Kl. Auto:  Ich bin klein.
Rennauto:  Wie man sieht.
Kl. Auto:  Und ich bin leise.
Rennauto:  Wie man hört. *(lacht)* Oder eben nicht hört.
Kl. Auto:  Und ich bin langsam.

*Das kleine Auto fährt langsam hin und her.*

Rennauto:  Das bist du wirklich. Aber vielleicht musst du dich nur mehr anstrengen? Lass uns ein Wettrennen machen.
Kl. Auto:  Du bist größer, lauter und schneller. Du bist besser.
Rennauto:  Wir machen das jetzt trotzdem.
Kl. Auto:  Ich werde verlieren.
Rennauto:  Das werden wir sehen.

*Das kleine Auto und das Rennauto stellen sich auf.*

*Auf die Plätze, fertig, los:*
*Ein Klatscher – und die beiden*
*fahren los. Das Rennauto ist*
*schneller.*

Kl. Auto:   Du hast gewonnen.
Rennauto:  Ich habe gewonnen.

Kl. Auto:   *(nach einer Pause)*
            Hast du eigentlich
            die schönen Blumen
            gesehen, die am
            Straßenrand blühen?
Rennauto:  Blumen? Nein, ich
            war viel zu schnell.
            Ich habe nichts gesehen.
Kl. Auto:   Und hast du gehört, wie die Vögel singen?
Rennauto:  Vögel? Nein, ich war viel zu laut. Ich habe nichts gehört.
Kl. Auto:   Ich war so leise, dass ich jeden Ton gehört habe. Und ich war so
            langsam, dass ich jede Blume betrachten konnte.
Rennauto:  Das Zwitschern hätte ich so gerne gehört. Die bunten Farben der Blüten
            hätte ich so gerne gesehen.
Kl. Auto:   *(stutzt)* Echt? Das ist dein Wunsch? Das Piepsen zu hören und das Bunte zu
            sehen? Aber du hast gewonnen. Das ist so großartig. Ich bin so klein – ich
            verliere immer.
Rennauto:  Du hast ebenfalls gewonnen. Den Blütenduft und die vielen Farben.
Kl. Auto:   Dann bist du ein Gewinner, und ich bin auch ein Gewinner?
Rennauto:  So ist es. Zwei Gewinner sind wir.
Kl. Auto:   Wir sind beide toll, so wie wir sind. Aber einmal möchte ich so schnell sein
            wie du.
Rennauto:  Dann komm. Ich nehme dich auf den Rücken.

*Das kleine Auto klettert auf das Rennauto – und die beiden fahren los.*

47

# Nachmacher!

**Figuren:** zwei Sockenmonster, beide haben eine Schleife um den Hals gebunden

Billy:  Seit wann trägst du denn Schleife?

*Harry dreht sich stolz von rechts nach links.*

Harry:  Seit heute. Schick, was?
Billy:  Ich trage auch Schleife. Und nicht erst seit heute.

*Billy guckt Harry grimmig an.*

Harry:  Steht mir gut, nicht?
Billy:  Nein, steht dir gar nicht gut.
Harry:  Nicht?
Billy:  Gar nicht.
Harry:  Warum nicht?
Billy:  Schleifen passen nicht zu dir. Die passen besser zu mir.
Harry:  Ich fand sie bei dir so hübsch. Und da dachte ich ...

*Billy guckt wieder grimmig.*

Billy:  Wusste ich's doch. Nachgemacht. Du hast mir die Schleife nachgemacht.
Harry:  Ach, Quatsch, jede Socke trägt im Moment Schleife. Ist einfach so.
Billy:  Ist es nicht. Und du weißt das. Und obwohl du es weißt, hast du dir einfach auch eine gekauft.
Harry:  Und was ist daran so schlimm?
Billy:  Alles. Es ist richtig doof. Nachmachen ist doof.
Harry:  Sei doch stolz. Schau, ich finde die Idee mit der Schleife so toll, dass ich auch eine trage. Jetzt sind wir Zwillinge. Schleifen-Zwillinge.
Billy:  Du verstehst gar nichts.

Harry:   Du bist fies.

Billy:    Es ist doch genau das.
            Ich bin ich. Ich bin nicht
            du. Und Zwillinge sind
            wir schon gleich gar
            nicht.

*Billy dreht sich von Harry weg.*

Harry:   Ich dachte, du freust
            dich. Wir beide mit
            Schleife.

Billy:    Ich will nicht wie du
            aussehen. Ich will ...
            etwas Besonderes sein.

Harry:   Aber du bist doch etwas
            Besonderes!

Billy:    Ich war etwas Besonderes. Als ich die einzige Socke mit Schleife war.

*Die Spielerin knotet Billy die Schleife ab.*

Billy:    Jetzt mag ich die Schleife gar nicht mehr. Blöde Schleife.

*Die Spielerin knotet Harry die Schleife ab.*

Harry:   Ich auch nicht. Die Schleife macht gar keinen Spaß mehr.

Billy:    Jetzt sehen wir nicht mehr gleich aus.

*Harry guckt Billy an.*

Harry:   Ich weiß nicht so recht. Ein bisschen Ähnlichkeit sehe ich schon noch.

Billy:    Aber ich nicht. Jetzt bin ich wieder der einzigartige Billy.

Harry:   Weißt du was? Ich fand dich immer einzigartig. Weil du Billy bist.

Billy:    Ich dich auch. Weil du Harry bist.

# Das Gespenst, das nicht gespenstern will

**Figuren:** ein großes Gespenst (Tollo) und ein kleines (Tilli) – beide Marionetten, aus weißen Stoffquadraten (Taschentüchern) gebastelt

*Im Hintergrund ist eine Uhr, die auf 12 steht. Die Spielerin macht zwölf Gongschläge, mit der Stimme oder mit einem echten Gong.*

Tollo:   Zwölf Uhr...

Tilli:    Schon wieder so spät?

Tollo:   Gespensterzeit. Unsere Zeit.

Tilli:    Ich mag nicht.

Tollo:   Du bist ein Gespenst. Du musst.

Tilli:    Mir ist es zu dunkel da draußen.

Tollo:   Gespenster lieben die Dunkelheit.

Tilli:    Lieben sie nicht.

Tollo:   Lieben sie doch.

Tilli:    Lieben sie nicht.

Tollo:   Jedes Gespenst muss gespenstern. Im Dunkeln.

Tilli:    Ich ... ich ...

Tollo:   Ja?

Tilli:    ... ich ... habe ... Angst.

Tollo:   *(lacht laut)* Ein guter Witz. Ein Gespenst, das Angst hat.

Tilli:    *(lacht gekünstelt)* Ja, guter Witz, was? Ein Gespenst hat doch keine Angst. Niemals nie nicht.

Tollo:   Dann lass uns losfliegen, Kleiner.

*Die beiden fliegen los. Tilli fliegt tiefer als Tollo. Tollo ruft die ganze Zeit laut „Buuuuuuh. Buuuuuuuuuh ..."*

Tollo:   Was bist du so ruhig, Kleiner?

Tollo:   Ein Gespenst muss buhen, in der Nacht. Buuuuuh, so muss sich das anhören.

Tilli:  Mmmh …

Tollo:  Du zitterst ja.

Tilli:  Nein, das ist nur
        der Wind, der mich
        zittern lässt.

Tollo:  Du hast ja eine Träne
        im Gesicht.

Tilli:  Nein, das ist nur
        ein Regentropfen.

Tollo:  Deine Stimme bebt.

Tilli:  Das hört sich nur
        so an, zwischen
        den Häusern.

*Tollo fliegt weiter. Dann erschrickt er Tilli*
*mit einem finsteren „Buuuuh". Tilli schreit laut. Tollo lacht.*

Tollo:  So musst du's machen. Das ist Gespenstern.

Tilli:  Mein Gespensterherz schlägt so laut wie die Turmuhr.

Tollo:  Du hast ja wirklich Angst? Warum sagst du das denn nicht?

Tilli:  Habe ich doch. Du hast mir nicht geglaubt.

Tollo:  Ich dachte es wäre einer von deinen Tilli-Witzen.

Tilli:  Nur wenn es hell ist, bin ich lustig. Im Dunkeln meine ich alles gespensterernst.

Tollo:  Komisch ist das schon, ein Gespenst mit Angst, wenn es finster wird.

Tilli:  Ich weiß. Ich bin ein Angsthasen-Gespenst. Das einzige Angsthasen-Gespenst
        in der großen Nacht.

Tollo:  Du und ein Angsthasen-Gespenst? Nein.

Tilli:  Doch. Ich weiß es.

Tollo:  Nein, du bist mutig.

Tilli:  Echt?

Tollo:  Du bist das einzige Gespenst, das zugibt, dass es Angst hat.

Tilli:  Jetzt ist mir die Nacht schon viel weniger
        unheimlich. Jetzt, wo du von meiner Angst weißt.

*Die Turmuhr schlägt eins.*

# Frühling

Vogel und Igel warten auf den Frühling. Er ist noch nicht da – obwohl man ihn schon hört, sieht und riecht. Doch erst, als sie den Frühling fühlen können, glauben sie, dass er wirklich kommen wird.

# Sommer

Es ist Sommer – aber die Sonne scheint nicht. Zwei Blumen versuchen, die Sonne zu locken: mit Musik, mit gelber Farbe und mit anderen Tricks. Aber dann kommt die Sonne einfach so.

# Herbst

Der spannenlange Hansel und die nudeldicke Dirn versuchen, den Birnbaum zu schütteln. Doch die Birnen fallen nicht zu Boden. Sie versuchen, den Baum zu überlisten. Doch erst als sie gehen, kommt ein Sturm auf, und die Birnen lösen sich von ganz alleine.

# Winter

Winterzeit – Schneemannzeit. Alle freuen sich, nur die Möhren im Kühlschrank haben keine Lust, wieder als Nase in einer Schneekugel zu landen. Wie gut, dass es die Kartoffel gibt: Denn die wäre so gerne eine Knollennase.

# Frühling

**Figuren:** zwei Tiere, davon eines, das Winterschlaf hält (z. B. Igel oder Bär) und eines, das keinen hält (z. B. Vogel oder Katze)

*Der Vogel fliegt herum. Der Igel sitzt. Dann landet der Vogel.*

Vogel: Was sitzt du denn hier so herum?
Igel: Ich warte.
Vogel: Worauf wartest du?
Igel: Auf den Frühling.
Vogel: Auf den Frühling?
Igel: Ja.
Vogel: Darf ich mitwarten?
Igel: Klar.

*Die beiden sitzen und gucken ins Publikum.*

Vogel: Warum wartest du auf den Frühling?
Igel: Weil lange genug Winter war. Und weil ich zu früh aufgewacht bin.
Vogel: Zu früh aufgewacht?
Igel: Ich habe geschlafen.
Vogel: *(lacht)* Ich auch. Zehn Stunden, heute Nacht.
Igel: Ich fünf Monate. Ohne Pause.
Vogel: Fünf Monate? Du hast fünf Monate geschlafen?
Igel: Winterschlaf. Doch jetzt bin ich wach. Also muss der Frühling kommen.
Vogel: Der Schnee ist weg. Das Eis ist weg.
Igel: Es ist aber kalt.
Vogel: Ich kann wieder selbst Futter finden.
Igel: Und trotzdem ist der Frühling noch nicht da.

*Die beiden sitzen weiter nebeneinander und gucken ins Publikum.*

Vogel: Ich kann ihn aber riechen, den Frühling.

*Der Igel schnüffelt.*

Igel:     Riecht gut, der Frühling. Ich rieche ihn, aber von ganz weit weg.
Vogel:   Es ist ein gutes Zeichen, wenn man den Frühling schon riechen kann.
Igel:     Das ist es.
Vogel:   Und ich kann den Frühling schon hören.
Igel:     Wie hört man den Frühling?
Vogel:   Sei ganz still und hör genau hin.

*Der Igel lauscht.*

Igel:     Ich höre Vögel singen. Den Bach plätschern. Und eine einzelne Grille zirpen.
Vogel:   Es ist ein gutes Zeichen, wenn man den Frühling schon hören kann.
Igel:     Das ist es.
Vogel:   *(nach einer Pause)* Ich kann den Frühling sogar schon sehen.
Igel:     Ich auch. Dahinten. Ein kleiner Sonnenstrahl.
Vogel:   Ein kleiner Sonnenstrahl. Und ein bisschen blauer Himmel zwischen den
          Wolken.
Igel:     Und weißt du was? Jetzt kann ich den Frühling sogar schon fühlen.
Vogel:   Ich auch. Mir wird ein wenig warm.
Igel:     Es ist ein gutes Zeichen, wenn man den Frühling nicht nur sehen, sondern
          sogar schon fühlen kann.
Vogel:   Es ist das allerbeste Zeichen, wenn man den Frühling fühlen kann.

# Sommer

**Figuren:** zwei Sommerblumen (z. B. aus Krepppapier), ein Schlüssel, ein Besen, ein Pinsel mit gelber Farbe, eine große Sonne aus gelber Pappe

Blume 1:   Mir ist kalt.
Blume 2:   Mir auch.
Blume 1:   Und das nennt sich Sommer.

*Die beiden Blumen schütteln sich: „Brrrr ..."*

Blume 2:   Sommer ohne Sonne.
Blume 1:   Sommer mit Regen.

*Die beiden Blumen schütteln sich erneut: „Brrr ..."*

Blume 2:   Glaubst du, der Sommer mag Musik?
Blume 1:   Der Sommer mag gerne Musik. Der Sommer ist wie Musik für mich.

*Blume 1 summt.*
*Blume 2 fängt an, ein Lied zu singen:*

„Sonne, liebe Sonne, komm ein bisschen runter!
Lass den Regen oben, dann wollen wir dich loben.
Einer schließt den Himmel auf, kommt die liebe Sonn' heraus."

Blume 1:   Das ist doch die Idee!
Blume 2:   Was?
Blume 1:   Wir müssen nur den Himmel aufschließen.
Blume 2:   Oh ja, gute Idee. Lass uns den Himmel aufschließen.

*Die Spielerin dreht den Schlüssel in der Luft einmal herum.*

Blume 1:   Tut sich was?
Blume 2:   Nichts tut sich.

Blume 1:    Vielleicht sollten wir die Wolken wegschieben!

Blume 2:    Wegschieben? Das ist eine noch bessere Idee.

*Die Spielerin schiebt mit dem Besen in der Luft hin und her.*

Blume 2:    Tut sich was?

Blume 1:    Nichts tut sich.

Blume 2:    Ich hab's! Lass uns die Wolken
            gelb anmalen.

Blume 1:    Gelb anmalen? Das ist die
            beste Idee.

*Die Spielerin malt mit dem Pinsel
die imaginären Wolken an.*

Blume 1:    Tut sich was?

Blume 2:    Nichts tut sich.

Blume 1:    Du hast recht. Gar nichts tut sich.

Blume 2:    Obwohl es Sommer ist.

*Die Blumen singen erneut (nach der Melodie von „Sonne, liebe Sonne"):*

„Sommer, lieber Sommer, wo hast du dich versteckt?
Wo bleibt deine Wärme, die haben wir so gerne.
Zweien gehn die Ideen aus, komm doch Sonne, komm heraus."

Blume 1:    Weißt du was? Wir schaukeln uns warm.

Blume 2:    Genau, soll der Sommer bleiben, wo die Sonne ist.

Blume 1:    Uns doch egal.

Blume 2:    Völlig egal.

*Die Blumen schaukeln hin und her. Da guckt die Sonne um die Ecke.*

Blume 1:    Die Sonne!

Blume 2:    Sie ist da.

Blume 1:    Einfach so.

Blume 2:    Weil wir Sommer haben.

# Herbst

**Figuren:** langer Hansel (z. B. aus einem Kochlöffel) und dicke Dirn
(z. B. aus einer runden Käseschachtel), ein gemalter oder gebastelter
Birnbaum, grüne Holzperlen als Birnen

| | |
|---|---|
| Hansel: | Sie sind reif. |
| Dirn: | Ich liebe Birnen. |
| Hansel: | Lass uns den Baum schütteln. |

| | |
|---|---|
| Sp.: | „Spannenlanger Hansel, |
| | nudeldicke Dirn, |
| | geh'n wir in den Garten, schütteln wir die Birn'. |
| | Schüttel ich die großen, schüttelst du die klein'n, |
| | wenn das Säckchen voll ist, geh'n wir wieder heim." |

| | |
|---|---|
| Hansel: | Er lässt sich nicht schütteln. |
| Dirn: | Er ist fest in der Erde. |
| Hansel: | Auch die Birnen hält er wie mit Krallenhänden. |
| Dirn: | Er will sie nicht hergeben. |

*Hansel und Dirn halten inne.*

| | |
|---|---|
| Hansel: | Von so einem Birnbaum lassen wir uns doch nicht ins Bockshorn jagen. |
| Dirn: | Wir doch nicht. |
| Hansel: | Wir sind doch der Hansel ... |
| Dirn: | ... und die Dirn. |
| Hansel: | Was sollen wir tun? |
| Dirn: | Wir sprechen dem Baum gut zu. |
| Hansel: | Das ist eine gute Idee. |
| Dirn: | Birnbaum, gib uns ein paar Birnen. |
| Hansel: | Birnbaum, ich liebe Birnenkompott. |

*Hansel und Dirn gucken hoch.*

Dirn:      Es tut sich nichts.

Hansel:    Nichts tut sich.

Dirn:      Wir könnten mit kleinen Steinen auf die Birnen zielen.

Hansel:    Und mit großen Steinen!

*Hansel und Dirn werfen mit Steinen.*

Hansel:    Getroffen!

Dirn:      Aber es tut sich nichts.

Hansel:    Nichts tut sich.

Dirn:      Und jetzt?

Hansel:    Wir könnten den Baum kitzeln.

Dirn:      Und wenn er dann lacht, dann schüttelt er sich ganz von selbst. Gute Idee!

*Hansel und Dirn kitzeln den Baum am Stamm.*

Dirn:      Es tut sich nichts.

Hansel:    Nichts tut sich.

Dirn:      Ach, Hansel.

Hansel:    Ach, Dirn.

Dirn:      Lass uns wieder reingehen.

*Als sie sich umdrehen, kommt ein Sturm auf. Die Birnen fallen zu Boden.*

Hansel und Dirn:    Birnen!

Sp.:      „Lauf doch nicht so eilig, spannenlanger Hans!
          Ich verlier' die Birnen und die Schuh' noch ganz."
          „Trägst ja nur die kleinen, nudeldicke Dirn,
          und ich schlepp' den schweren Sack mit den großen Birn'n."

# Winter

**Figuren:** zwei Möhren und eine Kartoffel – wenn echtes Gemüse nicht in Frage kommt, können sie gehäkelt oder aus orangefarbenem und braunem Knetgummi geformt werden

Möhre 1:    Gut, dass noch kein Schnee gefallen ist.

Möhre 2:    Sehr gut sogar.

Möhre 1:    Dann würden die Menschen wieder loslegen.

Möhre 2:    Wie in jedem Jahr, wenn der Schnee da ist.

Möhre 1:    Sie rollen erst eine große Schneekugel.

Möhre 2:    Anschließend rollen sie noch eine Schneekugel, etwas kleiner als die erste.

Möhre 1:    Und noch eine, noch etwas kleiner als die zweite.

Möhre 2:    Die mittelgroße Kugel kommt auf die größte.

Möhre 1:    Und die kleinste Kugel kommt auf die mittelgroße.

*Die Möhren gucken sich an.*

Möhre 2:    Danach kommt das Schlimmste.

Möhre 1:    Das Allerschlimmste.

Möhre 2:    Das Allerallerschlimmste sogar.

Möhre 1:    Die Menschen geben der kleinsten Schneekugel ein Gesicht.

Möhre 2:    Wie furchtbar.

Möhre 1:    Sie stecken Steine in die Kugel.

Möhre 2:    Das sind die Augen.

Möhre 1:    Sie stecken noch mehr Steine in die Kugel. Viele kleine Steine.

Möhre 2:    Stein an Stein, fertig ist der Mund.

Möhre 1:    Jetzt fehlt noch die Nase.

Möhre 2:    Die Nase.

*Beide schütteln sich und machen „brrrrrr", weil sie frieren.*

Möhre 1:   Eine von uns
           wird die Nase.

Möhre 2:   Du oder ich.

Möhre 1:   Eine wird die
           Möhrennase.

Möhre 2:   Im Kühlschrank
           ist es schon
           sehr kalt ...

Möhre 1:   ... aber mit
           dem Popo im
           Schnee ist es
           noch viel kälter.

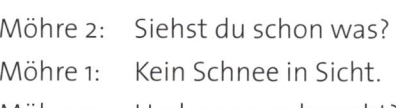

*Die Möhren strecken sich
nach vorne, gucken rechts
und gucken links.*

Möhre 2:   Siehst du schon was?

Möhre 1:   Kein Schnee in Sicht.

Möhre 2:   Und wenn es losgeht?

Möhre 1:   Verstecken wir uns.

Möhre 2:   Genau, wir verstecken uns hinter den großen Salatköpfen im Gemüsefach.

Möhre 1:   Wir machen uns ganz klein. Dann sieht uns niemand.

Möhre 2:   Vielleicht bleibt es noch warm.

*Die Kartoffel kommt hinzu.*

Kartoffel:  Euer Problem möchte ich haben. Ich komme höchstens in den Suppentopf.
            Da ist es heiß.

Möhre 1:   Da habe ich doch eine Idee.

Kartoffel:  Was denn für eine Idee?

Möhre 1:   In diesem Winter bekommt der Schneemann eine Knollennase.

Kartoffel:  Ich versteh' dich nicht ...

Möhre 1:   Eine Kartoffelknollennase.

Kartoffel:  Ich bin dabei.

Möhre 1:   *(zu Möhre 2)* Und wir zwei, wir sind raus!

... für große Feste

# Geburtstag

Hund hat Geburtstag und freut sich sehr. Aber irgendetwas fehlt dennoch. Tolle Geschenke hat er bekommen. Wie schade nur, dass Maus nicht da ist und sie sehen kann. Doch dann ist da noch ein großes Paket – mit einer großen Überraschung.

# Ostern

Zwei Eier unterhalten sich über das bevorstehende Osterfest. Sie haben keine Lust, angemalt zu werden. Aber warum macht man das überhaupt: Eier anmalen? Der schlaue Hase weiß es und erklärt es den Eiern. Die finden es dann gar nicht mehr so schlimm, dass der Pinsel kommt ...

# Weihnachten

Der kleine Bär und der große Bär haben alles für Weihnachten vorbereitet: einen Baum geholt, den Baum geschmückt. Geschenke gekauft, gebacken ... Darüber haben sie fast nicht gemerkt, dass der Heilige Abend längst da ist.

# Geburtstag

**Figuren:** Hund und Maus (Handpuppen oder Kuscheltiere), ein bunter Karton mit breiter Schleife, ein kleiner Ball, eine Blume, ein Bonbon

*Die Maus ist in dem Karton, der mit einer großen Schleife verziert ist.*

Hund:  1, 2, 3, 4, 5, 6 … 1, 2, 3, 4, 5, 6.

*Fängt an zu tanzen und zu singen.*

Hund:  1, 2, 3, 4, 5, 6. Ge-burts-tag. Ge-burts-tag.

*Hund tanzt weiter. Dann zeigt er eine Blume und riecht daran.*

Hund:  Die habe ich heute bekommen. Die riecht so wunderbar. Die riecht richtig nach sechstem Geburtstag. Mmmmh … Schade nur, dass Maus heute nicht kommen kann.

*Hund zeigt ein Bonbon.*

Hund:  Das habe ich heute bekommen. Es schmeckt so wunderbar. Mmmmh … Noch schöner wäre es, wenn Maus kommen könnte.

*Hund zeigt einen kleinen Ball.*

Hund:  Und den habe ich heute auch bekommen. Das ist ein echter Weltmeister-Fußball. Wenn Maus den bloß sehen könnte.

*Er fängt wieder an zu tanzen und zu singen.*

Hund:  G-E-B-U-R-T-S-T-A-G.
Ge-ge-ge-burts-burts-burts-tag-tag-tag.

*Mitten im Gesang hält er inne. Denn er sieht einen Geschenkkarton.*

Hund:  Na, was ist das denn? Das ist ja ein Paket!

*Er guckt von allen Seiten und zupft an der Schleife.*

Hund:  Für mich? Weil ich Geburtstag habe? Was da wohl drin ist ...
Eine Blume habe ich schon bekommen, ein Bonbon habe ich schon bekommen
und einen Ball habe ich schon bekommen.

*Hund macht die Schleife auf.*

Hund:  Vielleicht ist es ein Kaugummi, ein Knochen oder eine Quietscheente.

*Hund nimmt den Deckel ab.*
*Und heraus kommt Maus.*

Hund:  Maus!
Maus:  Hund!
Hund:  Maus, wie schön, dass
du da bist!
Maus:  Wie schön, dass du da
bist, Hund!
Hund:  Ich dachte, du könntest
nicht kommen.
Maus:  Das solltest du auch
denken. Es sollte doch
eine Überraschung sein.
Hund:  Eine Geburtstags-
überraschung. Noch
überraschender als Ball, Bonbon und Blume.

*Hund und Maus drücken sich feste.*

Hund:  Du bist das schönste Geburtstagsgeschenk, das ich je bekommen habe.

# Ostern

**Figuren:** ein Hase und zwei Plastikeier – in Weiß und Braun und/oder mit zwei unterschiedlichen Gesichtern. Zur besseren Spielbarkeit kann jedes auf einen Schaschlikspieß gesteckt werden.

Ei 1:    Eieiei. Bald kommen wir wieder unter den Pinsel.

Ei 2:    Unter den Pinsel. Wie furchtbar.

Ei 1:    Schlimmer als Friseur. Wenn wir Haare hätten.

Ei 2:    Haben wir aber nicht. Wir haben eine Glatze – die man wunderbar anmalen kann.

Ei 1:    Wer überhaupt auf diese Idee gekommen ist, dass man uns anmalen muss.

Ei 2:    Genau, wer auf diese schreckliche Idee gekommen ist …

*Der Hase kommt hinzu.*

Hase:    Ich weiß es. Ich weiß, warum ihr angemalt werdet. Zu Ostern.

Ei 2:    Du? Du weißt es?

Hase:    Hasen sind schlau. Sie wissen alles.

Ei 2:    Ich bin gespannt.

Hase:    Das Ei steht für das Leben.

Ei 2:    Ist klar. Aus einem Ei schlüpft ein Küken. Das ist Leben.

Hase:    Genau. Früher hat man die Eier rot angemalt.

Ei 2:    Rot? Rot mag ich ja gar nicht. Wieso denn rot?

Hase:    Da gibt es verschiedene Erklärungen.

Ei 2:    Ich habe Zeit.

Hase:    Die einen sagen, Rot steht für die Liebe.

Ei 2:    Aaaah, rot. Wegen der Frühlingsgefühle. Wegen der Schmetterlinge im Bauch.

Hase:    Die anderen sagen, dass Rot für das Blut von Jesus steht. Weil Jesus Ostern gestorben ist. Das Ei steht für Jesu' Tod. Noch hat es kein Leben. Aber dann, dann ist Jesus wieder auferstanden. Und da ist es wieder, das Leben.

Ei 2:    Das Küken also.

Hase:    Na, so ungefähr eben.

66

Ei 2:     Rot wie die Liebe. Und bunt wie das Leben.

Hase:   Es gibt noch eine Erklärung.

Ei 2:     Dann raus damit.

Hase:   Viele Menschen haben früher gefastet, heute machen das immer noch einige.
          Jetzt verzichten sie eher auf Süßigkeiten. Früher hingegen haben sie auch
          40 Tage keine Eier gegessen.

Ei 2:     Keine Eier?

Hase:   Nein, keine Eier. Aber die Hühner legten ja Eier.

*Ei 1 kommt hervor.*

Ei 1:     Und die haben die Menschen dann weggeworfen??

Hase:   Eben nicht. Sie haben sie gekocht.

Ei 1:     Gekocht.

Hase:   Ja, genau, denn dann waren sie haltbar. Und sie haben sie angemalt.
          Damit man sie von den rohen Eiern unterscheiden konnte.

Ei 1:     Das ist klug.

Hase:   Das ist es.

*Ei 2 kommt hervor. Der Hase sitzt am Rand.*

Ei 1:     Und heute?

Ei 2:     Ich glaube, heute finden die Menschen die bunten Eier einfach nur schön.

Ei 1:     Dann tun wir ihnen den Gefallen und lassen uns anmalen.

Ei 2:     Das machen wir.

# Weihnachten

**Figuren:** ein kleiner und ein großer Bär, eine Kulisse mit einem Weihnachtsbaum, zwei kleine Kartons, ein Keks, weißes Konfetti aus dem Locher

| | |
|---|---|
| Kl. Bär: | Wann ist Weihnachten? |
| Gr. Bär: | Heute ist Weihnachten. |
| Kl. Bär: | Heute ist schon Weihnachten? |
| Gr. Bär: | Schau, am Weihnachtsbaum brennen schon die Lichter. |
| Kl. Bär: | Wie schön die Lichter aussehen. Richtig weihnachtlich. Aber irgendetwas fehlt noch. |
| Gr. Bär: | Natürlich. Etwas fehlt noch. |

*Der große Bär sucht etwas und findet einen Keks.*

| | |
|---|---|
| Gr. Bär: | Das fehlte noch. Weihnachtskekse. |
| Kl. Bär: | Oh ja, Weihnachtskekse. Die gehören dazu. Richtig weihnachtlich. Aber irgendetwas fehlt noch. |

*Der große Bär kramt ein wenig herum und holt dann ein Paket hervor.*

| | |
|---|---|
| Gr. Bär: | Das ist es. Das fehlte noch. Dein Geschenk! |
| Kl. Bär: | Oh ja, mein Geschenk. |

*Der kleine Bär holt auch ein Paket hervor.*

| | |
|---|---|
| Kl. Bär: | Und das fehlte ebenso. Dein Geschenk! |
| Gr. Bär: | Danke. Mein Geschenk, ja, da hast du recht. |
| Kl. Bär: | Und immer noch fehlt etwas. |
| Gr. Bär: | Noch etwas fehlt? Wir haben einen Baum. Wir haben Lichter. Wir haben Kekse. Und wir haben Geschenke. |
| Kl. Bär: | All das haben wir. Und das ist richtig weihnachtlich. Trotzdem fehlt noch etwas. |

*Der kleine Bär und der große Bär überlegen.*

Gr. Bär:  Ich hab's! Natürlich. Dass ich da nicht gleich drauf gekommen bin.
Kl. Bär:  Worauf?
Gr. Bär:  Musik! Kein Weihnachten ohne Musik.
Kl. Bär:  Genau, Musik – die fehlt.

*Die Spielerin singt ein Weihnachtslied.*

Gr. Bär:  Wie schön die Musik ist.
Kl. Bär:  Richtig weihnachtlich. Aber es fehlt immer noch etwas.
Gr. Bär:  Noch etwas?
Gr. Bär:  Wenn es schneien
          würde, wäre es
          weihnachtlicher.
Kl. Bär:  Genau, Schnee – der
          fehlt.

*Die Spielerin wirft Konfetti in
die Höhe.*

Kl. Bär:  Wie schön.
Gr. Bär:  Weihnachtsschnee.

*Die beiden sind eine ganze Weile
ganz ruhig.*

Kl. Bär:  Jetzt ist es Weihnachten.
Gr. Bär:  Oh ja, ich merke es ganz genau.
Kl. Bär:  Weißt du, was gefehlt hat?
Gr. Bär:  Mmh?
Kl. Bär:  Wir haben gebacken, wir haben Geschenke gekauft, wir haben den Baum
          geschlagen und daheim geschmückt.
Gr. Bär:  Das macht man so vor Weihnachten.
Kl. Bär:  Aber ich habe gar nicht gemerkt, dass Weihnachten schon da ist. Jetzt fühle
          ich es. Weil du neben mir sitzt. Und weil wir einfach nur in den Schnee
          gucken.

# Hexenknochen

Die Hexe ist listig, wie es nur Hexen sein können: Mit einem giftigen Knochen will sie den Hund und eine verletzte Katze einschläfern und sie dann essen. Doch da hat sie nicht mit dem Hund gerechnet – der ist noch schlauer als sie und rettet die Katze und sich.

# Vom Frosch, der kein König wurde

Der Frosch hat vom Froschkönig gehört. Nun ist er sich sicher, dass er auch so ein Froschkönig ist. Einzig: Keine Prinzessin will ihn küssen. Und selbst als eine es dann doch macht, wird er kein Prinz! Das ist auch nicht mehr länger schlimm, als er schließlich eine Fröschin kennenlernt.

# Die Spinne

Die Maus würde nichts lieber tun, als mit der Prinzessin zu spielen. Doch die ist sich zu fein für eine Maus. So lange, bis sie in ihrem Zimmer eine Spinne entdeckt. Da kann ihr nur eine helfen: die Maus nämlich. Doch die Maus möchte nicht mehr …

# Hexenknochen

**Figuren:** Hexe, Hund, Katze, Schälchen und ein Papp-Knochen

Sp.:     Es war einmal vor langer, langer Zeit ein Hund, der lief tief in den Wald hinein. Dort traf er die Katze, die sich verlaufen hatte.

Hund:  Was irrst du so herum, du Bartträgerin?
Katze:  Ich finde nicht mehr heim. Ich drehe mich im Kreis.
Hund:  Ich habe eine gute Nase. Ich führe dich.
Katze:  Dass mir einmal ein Hund helfen soll!

*Die Hexe schaut um die Ecke und lacht ihr gemeines Hexenlachen.*

Hexe:  Ei, was sehe ich da. Die Katze hat einen Helfer gefunden. Na, die beiden werde ich von ihrem Weg abbringen. Ist mir bei der Katze schon gelungen. Krchkrchkrch ...
Hexe:  *(mit lieblich verstellter Stimme)* Ach nein, wie niedlich! Wen erblicken meine Augen? Zwei gar hübsche Tierchen. Ein Hündchen und Kätzchen, so klein und so fein. Habt ihr euch etwa verlaufen?
Katze:  Ich irre schon den ganzen Tag umher; hab' Sehnsucht nach meinem Herren.
Hexe:  Folgt mir nur, erst müsst ihr euch stärken, dann zeige ich euch die Richtung, die ihr gehen müsst.
Katze:  Ein Schälchen Milch, das würde mir gut tun.
Hexe:  Und für das Hündchen gibt es einen schönen Knochen.

*Die Hexe legt einen Knochen auf die Bühne und stellt ein Schälchen hin.*

Hexe:  Lasst es euch schmecken, krchkrchkrch ...

*Die Katze schleckt sofort gierig die Milch.*

Katze:  Mir wird so schläfrig, so müd'.

Hexe:   Armes Kätzelein, so erschöpft bist du ... Aber Hündchen, nun iss doch. Ich mag
        den Knochen nicht nagen, der ist nur für dich.

*Die Katze schläft. Der Hund*
*schnüffelt am Knochen.*

Hund:  Ich rieche keinen Knochen.
       Ich rieche etwas, das ich
       nicht kenne.

Hexe:   Es ist allerbestes Fleisch,
        mein Hündchen.
Hund:  Es riecht nach Unheil.
Hexe:   So ein Unfug.
Hund:  Ich esse nichts, was ich nicht
       kenne. Katze – was ist los mit
       dir. Nun wach doch auf!
Hexe:   Und du isst doch.
Hund:  Ich esse nicht!

*Die beiden ringen miteinander. Der Hund beißt der Hexe ins Kleid.*

Hexe:   Du elendes Mistvieh, du!
Hund:  Ich esse von deinem Knochen, wenn du ein Stück gegessen hast.
Hexe:   Ich mag keine Knochen.
Hund:  Erst du dann ich.

*Der Hund gibt der Hexe den Knochen.*

Hexe:   *(mit vollem Mund)* Ich will das ... nicht ... essen ...

*Kurz darauf ist sie schon eingeschlafen. Der Hund schnappt sich die Katze und läuft von*
*dannen. Die Hexe bleibt schlafend liegen.*

Sp.:    Der Hund hat die Katze gerettet. Dank seiner Spürnase fanden die beiden
        aus dem Wald heraus und blieben Freunde. Und wenn sie nicht
        gestorben sind, dann leben sie noch heute.

# Vom Frosch, der kein König wurde

**Figuren:** zwei Frösche (entweder kleine Badetiere oder gefaltete Klappmäuler), mehrere Prinzessinnen

Sp.:     Es war einmal ein Frosch. Der hatte gehört, man müsse sich von einer Prinzessin küssen lassen, um ein Prinz zu werden und eine Prinzessin zur Freundin zu haben.

*Der Frosch ist auf der Bühne. Prinzessin 1 kommt.*

Frosch:     Küss mich. Ich bin ein verwunschener Prinz.
Pr. 1:     Das ist doch nur ein Märchen.

*Die Prinzessin geht weiter. Prinzessin 2 kommt auf die Bühne.*

Frosch:     Wenn du mich küsst, werde ich ein holder Prinz.
Pr.2:     Iiiih, niemals in meinem Leben würde ich das tun. Es gibt nichts Ekligeres auf Erden als feuchte Frösche.

*Die Prinzessin geht weiter. Prinzessin 3 kommt auf die Bühne.*

Frosch:     Auch wenn Sie mir nicht glauben mögen, ich weiß, dass ich nichts als die Wahrheit sage. Küssen Sie mich, liebste und schönste Prinzessin. Dann werde ich ein Prinz, den Sie bis an Ihr Lebensende lieben werden.
Pr. 3:     Das haben schon viele vor Ihnen behauptet. Kröten, Ratten, Kakerlaken. Ich habe sie alle geküsst. Aber sehen Sie hier irgendwo einen Prinzen? Nein, kein Prinz weit und breit.
Frosch:     Aber ich lüge nicht. Wie könnte ich jemals so eine bezaubernde Prinzessin anlügen? Bitte ...!
Pr. 3:     Danke, ich bin bedient. Da spiele ich lieber mit meiner güldenen Kugel.

*Auch diese Prinzessin geht weiter. Prinzessin 2 kommt zurück.*

Pr. 2:    Ach, da sitzt du ja noch immer. Hat sich wohl niemand von deinen Sprüchen
          blenden lassen, wie? Aber wer auf dieser Welt würde schon einen Frosch
          küssen *(schüttelt sich)* ... womöglich auch noch auf den Mund!
Frosch:   Ein Kuss, und mein Froschdasein vorbei. Wir beide könnten heiraten.
          Auf Händen würde ich dich tragen.

*Die Prinzessin lacht laut und geht. Prinzessin 1 kommt wieder.*

Pr. 1:    Ich habe lange überlegt. Einen
          Versuch ist es wert. Lass uns küssen.
Frosch:   Wirklich?
Pr. 1:    Aber nur, wenn es ganz schnell geht.

*Sie geben sich einen hektischen Schmatz.*

Pr. 1:    Doch nur ein Märchen. Du bist
          immer noch ein grüner Hüpfer.
          Du Märchenerzähler, du!
Frosch:   Es dauert sicher nur eine Weile.
Pr. 1:    Alles fauler Zauber. Wie konnte ich
          nur so dumm sein!

*Sie geht von der Bühne und lässt den Frosch
zurück. Der Frosch weint laut. Da kommt eine zweiter Frosch.*

Fro 2:    Warum weinst du denn so arg?
Frosch:   Niemand mag mich. Niemand möchte mich küssen.
Fro 2:    Och ... ich würde dich gerne küssen. Liebend gerne.
Frosch:   *(schluchzt)* Aber ich werde kein Prinz, selbst wenn man mich küsst.
Fro 2:    Ein Prinz? Wer will schon einen Prinzen?
Frosch:   Du willst keinen Prinzen?
Fro 2:    Niemals. Ich will einen Frosch!

*Die beiden küssen sich.*

Sp.:      Und wenn sie nicht gestorben sind, dann küssen
          sie sich noch heute.

# Die Spinne

**Figuren:** Prinzessin, Maus

Sp.:  Es war einmal vor langer, langer Zeit eine Prinzessin. Die begegnete im Flur des Schlosses einer Maus.

Maus:  Darf ich mit Ihnen in Ihr Zimmer gehen?

Prz.:  *(lacht laut)* Du – mit mir? Mit der Tochter des Königs? Wie kommst du mir denn vor!

*Die Prinzessin geht schnell ein Stück weiter. Die Maus versucht hinterherzukommen.*

Maus:  Sie sind allein, ich bin allein. Wir könnten etwas spielen. Oder Lieder singen.

Prz.:  Ich soll mit einer Maus spielen oder singen? Wie lächerlich.

Maus:  Oh, meine Prinzessin, Sie sind so schön. Es ist schon immer mein Wunsch, mehr Zeit mit Ihnen zu verbringen.

Prz.:  Mäuse gehören in den Garten. Oder in den Keller. Aber doch nicht in das Zimmer einer Prinzessin.

Maus:  Sie machen mich traurig, liebe Prinzessin. Sie sind so klug. Ich könnte so vieles von Ihnen lernen.

Prz.:  Dann lernen Sie erst einmal Benehmen.

Maus:  Sie brauchen keine Unordnung zu fürchten, werte Prinzessin.

Prz.:  Mäuse stinken.

Maus:  So riechen Sie doch an mir. Ich bin frisch gewaschen.

Prz.:  Mäuse gehen nicht zur Toilette.

Maus:  Ich gehe, wohin Sie wünschen.

Prz.:  Es ist mir egal. Ich habe zu bestimmen. Und ich sage, dass ich keine Maus in meiner Kammer wünsche.

*Die Maus setzt sich. Die Prinzessin stapft von dannen und bleibt am Rand sitzen.*

Maus:  *(singt, nach der Melodie von „Ein Männlein steht im Walde")*
Ein Mäuschen sitzt alleine im Flur herum.
Es hat vor lauter Trauer die Pfötchen krumm.

Sag', warum das Menschelein
versetzt die Maus in Angst und Pein.
Das kann doch nicht im Ernste geschehen sein.

Prz.:    Aaaaaaaahhhhh! Zu Hilfe – zu Hilfe!

*Die Maus eilt zur Prinzessin.*

Maus:  Was ist nur geschehen, das Sie
         so schreien lässt?

Prz.:    In meiner Kammer ist ...
         eine ... Spiiiiiiinnnnneee!
Maus:  Eine Spinne. Oh.
Prz.:    Nie wieder werde ich in mein
         Zimmer gehen können.
Maus:  Werte Prinzessin. Ich liebe Spinnen.
         Sie sind meine Leibspeise.
Prz.:    Du fängst Spinnen und isst sie?
Maus:  Nicht oft. Eigentlich fresse ich nur Grünes.
         Aber so dann und wann ein Spinnchen, da sagt die Maus nicht nein.
Prz.:    Dann könntest du doch die Spinne entfernen.
Maus:  Das könnte ich wohl.
Prz.:    Dann auf, auf! Worauf wartest du noch?
Maus:  Ich darf nicht in Ihr Zimmer. Sie haben mir befohlen, hier zu bleiben.
         Und niemals würde ich mich dem Befehl einer Prinzessin wiedersetzen.
Prz.:    Dann befehle ich dir jetzt eben, die Spinne zu jagen.
Maus:  Ich glaube, ich gehe in den Garten, wo ich hingehöre.
Prz.:    Gehst du nicht!
Maus:  *(überlegt eine Weile)* Außer ... ja, außer wenn wir anschließend gemeinsam
         spielen. Und singen.
Prz.:    Ich mache alles, was du willst.

Sp.:     So fraß die Maus die Spinne. Gemeinsam mit der Prinzessin sang sie bis
         abends fröhliche Lieder. Und wenn sie nicht gestorben sind, so singen sie
         noch heute.

# Schnell gemacht und losgespielt!

## Stabpuppen-Bastelvorlagen

Viele von Ihnen haben sicher einen Fundus an Hand- und Fingerpuppen. Aber manchmal fehlt dann doch genau die Figur, die man braucht. Da ist Selbermachen angesagt!

Eine ganz einfache Möglichkeit, sich flink Spielpuppen zu basteln, ist diese: Sie kaufen Wäscheklammern, gerne aus Holz. Die sind der Körper. Oben können Sie, je nach Theaterstück, verschiedene Tier- oder Menschenköpfe bzw. kleine Figuren einklemmen. So haben Sie schnell neue Stabpüppchen für Ihr Puppentheater. Das Gute an diesen Figuren: Sie können sie hinstellen, denn sie kippen nicht so schnell um.
Vielleicht haben Sie sogar Lust, Gesichter mit den Kindern zusammen zu malen?

Für ganz Eilige gibt es hier ein paar Vorlagen, die Sie für einige Stücke aus diesem Buch nutzen können. Sie müssen sie nur abpausen und ausmalen. Dann auf Pappe aufkleben und ausschneiden. Ab in die Wäscheklammer – und fertig!

# Register

| Schlagwörter/Themen in den Theaterstücken | Seitenzahlen | Schlagwörter/Themen in den Theaterstücken | Seitenzahlen |
|---|---|---|---|
| Abschied | 32 | Märchen | 72, 74, 76 |
| Angeben | 38 | Miteinander | 30, 38, 40, 42, 56, 58 |
| Angst | 50, 76 | Mut | 50 |
| Angst vor dem Tod | 34 | Natur | 54, 56, 58, 60 |
| Arroganz | 74, 76 | Neid | 48 |
| Beleidigen | 40 | Neuanfang | 32 |
| Besitzen | 42 | Ostern | 66 |
| Die fünf Sinne | 24, 46, 54, 64 | Schneemannbauen | 60 |
| Empathie | 42 | Sehnsucht | 30 |
| Fantasie | 42, 38, 60 | Selbstbewusstsein | 38, 46, 48, 50 |
| Freundschaft | 22, 24, 32, 64, 72 | Sich vertragen | 40 |
| Frühling | 54, 66 | Sommer | 56 |
| Geben und Nehmen | 42 | Streiten | 38, 40, 42, 48 |
| Geburtstag | 64 | Teilen | 42 |
| Gefühle | 22, 24, 26 | Trauer | 22 |
| Geometrische Formen | 38 | Traurigkeit | 22, 30, 34, 32 |
| Glück | 24, 30, 32, 54, 64 | Vergleichen | 38, 46 |
| Generationen | 34 | Verlust | 30, 32, 34 |
| Hänseln | 40 | Verschieden sein | 38, 46, 48, 50 |
| Heilig Abend | 68 | Vertragen (sich) | 38, 40, 42, 48 |
| Herbst | 58 | Vertrauen | 72 |
| Hochmut | 74, 76 | Vorurteile | 76 |
| Individualität | 48 | Weihnachten | 68 |
| Jahreszeiten | 54, 56, 58, 60 | Winter | 60 |
| Konflikte | 38, 40, 42, 48 | Wut | 26 |
| Konsum | 68 | | |